INHALT

W0235842

EINLEITUNG

In wohl kaum einem anderen Hamburger Stadtteil treffen auf nur zwei Quadratkilometern so viele Gegensätze aufeinander wie in Sankt Georg. Kunst und Kunsthandwerk, die Küche der ganzen Welt, Wassersportmöglichkeiten und käuflichen Sex gibt es hier genauso wie Drogen, religiösen Beistand, (hoch-)schulische Bildungsangebote, günstige Seniorenunterkünfte und mittlerweile auch viele teure Wohnungen. Und wem das alles gelegentlich zu bunt wird, dem bietet der Stadtteil die Möglichkeit, auf kürzestem Weg ans Wasser, ins Grüne und in die City zu fliehen. Vor allem aber wird in dem mit manchem Vorurteil behafteten, quirligen Sankt Georg gelebt. Knapp über 10 000 Einwohner zählt der Stadtteil, zu denen sich täglich etwa 40 000 Berufspendler und fast eine halbe Million Durchreisende gesellen.

Um den Charakter Sankt Georgs – und den der angrenzenden Stadtteile Hamm, Hohenfelde, Borgfelde und Hammerbrook – zu verstehen, begibt sich dieses Buch zunächst an den Anfang der Geschichte des Areals ins ausgehende 12. Jahrhundert. Denkt man sich einmal alle heutigen Gebäude, Straßen und Plätze weg und achtet auf die ursprüngliche landschaftliche Formation, dann erschließt sich eine besondere Topografie: Auf der einen Seite wird das Gebiet von der Alster begrenzt und auf der anderen von einem Geesthang, der sich diesseits der Elbe kilometerweit ins Landesinnere zieht. Folgt man diesem Geestrücken einige Kilometer, dann erreicht man Hamm, das einst eine kleine, aus einem Dutzend Bauernhöfen bestehende Siedlung war. Dazwischen befand sich nichts als Wald und Wiesen und unterhalb des Geesthangs der »Hammer Brook« (Bruchwald) mit seinen ausgedehnten Sümpfen.

Hamburg, dessen städtische Entwicklung mit der Errichtung der Hammaburg Anfang des 9. Jahrhunderts begann, war ein Bischofssitz, von dem aus der gesamte Norden bis hinauf nach Skandinavien missioniert werden sollte. Diese besondere Stellung der Stadt zog bald viele Handwerker, Händler und Amtsleute an, und aus der kleinen Siedlung wurde eine wohlhabende Stadt, die sich mittels Wällen vor den vielfältigen Begehrlichkeiten von außen schützen musste. Diese Wallanlagen wurden in den folgenden Jahrhunderten immer weiter ausgebaut, und letztlich war wohl die Lepra – die vermutlich ein Schauenburger Graf von den Kreuzzügen aus dem Nahen Osten in den Norden brachte – ausschlaggebend, dass das Areal östlich der Stadtgrenze erstmals besiedelt wurde. Das hier errichtete Hospital, von dem die Besiedlung ihren Ausgang nahm, weihte man dem Heiligen Georg (oder niederdeutsch: dem Heiligen Jürgen).

Schon damals dürfte das Stadtleben liberaler gewesen sein als das bäuerliche Leben auf dem Land und den Menschen mehr Perspektiven geboten haben. So wuchs Hamburg weiter, und der Platz in der Stadt wurde zunehmend knapp und teuer. Als die ersten ärmeren Einwohner sich gezwungen sahen fortzuziehen, siedelten sie zunächst um das Krankenhaus von Sankt Georg, und nach einiger Zeit folgten ihnen die platz- und geruchsintensiven Handwerksbetriebe wie beispielsweise die Bleicher und die Schweinezüchter, die die Hamburger in ihrer Stadt nicht mehr duldeten. Aber auch die Betreiber von Nutz- und Lustgärten zwang der Platzbedarf schon früh dazu, nach Sankt Georg auszuweichen.

Im 14. Jahrhundert kaufte sich die Stadt Hamburg von den Schauenburger Grafen und der Kirche frei und erwarb hernach auch die Areale um die Wallanlagen, die in insgesamt sieben sogenannte Landherrenschaften eingeteilt wurden. Die Landherrenschaft östlich der Stadt wurde zu Hamm und Horn zusammengeschlossen, zu der unter anderem Sankt Georg, Borgfelde, das »hohe Feldt« (das spätere Hohenfelde), der Brook und die Dörfer Hamm und Horn gehörten. Und um sich auch an der östlichen Seite vor möglichen Angreifern zu schützen, errichteten die Hamburger neben ihrer eigentlichen Stadtbefestigung noch eine weitere vorgelagerte

Verteidigungslinie, die Landwehr, die nun das »hohe Feldt« und das Borgfeld einschloss, welche nicht bebaut werden durften, weil sie freie Sicht auf vorrückende Angreifer boten.

Die starke kulturelle und wirtschaftliche Verbundenheit der Städte Hamburg und Lübeck – beide seit dem 13. Jahrhundert in der Hanse organisiert – war es schließlich, die durch den Austausch von Waren und Wissen entsprechende Verkehrswege erforderlich machte. Insbesondere das stadtnahe Sankt Georg wurde bald zu einer Art Transitzone zwischen beiden Städten, wo man ausgehend vom Steintor den Steindamm errichtete, der schnell zu einer der meistfrequentierten, aus Hamburg herausführenden Straßen wurde und so die Ansiedlung zahlreicher Einkehr- und Raststätten, aber auch vieler Handwerksbetriebe begünstigte.

Eine landschaftliche Besonderheit des Gebiets, das wir in diesem Buch erkunden, stellte der Hammerbrook dar. Unterhalb des Geestrückens gelegen, handelte es sich dabei um ein morastiges und somit kaum nutzbares Gelände. Bereits seit dem 13. Jahrhundert bemühten sich die Hamburger, den Brook trockenzulegen. Aber es sollte Jahrhunderte dauern, bis der »Hammer Brook« urbar gemacht werden konnte.

Während des 18. Jahrhunderts wurde der Geestrücken, der vom östlichen Teil Sankt Georgs bis nach Hamm verläuft, bei den wohlhabenden Hamburgern als Wohnsitz sehr beliebt, sodass sich Hamm und Borgfelde bald zu Villenvororten Hamburgs entwickelten. Als Hamburg jedoch Anfang des 19. Jahrhunderts durch die napoleonische Eroberung für einige Jahre eine französische Provinzstadt wurde, rissen die Franzosen rigoros alle neu gewachsenen Strukturen wie Häuser, Gartenanlagen und Wälder rund um das Stadtgebiet wieder ab, um sich gegen die zur Befreiung Hamburgs heraneilenden russischen Truppen zu verteidigen. Diesen Maßnahmen fielen auch Hamm und Borgfelde zum Opfer.

Mit dem großen Brand von 1842 erlebte einige Jahrzehnte später der ewig feuchte »Hammer Brook« seine Stunde, denn zusätzlich zu den Entwässerungsmaßnahmen wurden hier Trümmer der Katastrophe aufgeschüttet, die das Gebiet endlich trockenzulegen halfen.

BLICK ÜBER DIE AUSSENALSTER NACH SANKT GEORG, 1850

Eine grundlegende Wandlung erfuhren Sankt Georg, Hamm, Hohenfelde, Borgfelde und der Hammerbrook schließlich mit der Gründung des Deutschen Kaiserreichs und der einsetzenden Industrialisierung, die eine beispiellose Zuwanderung in die Städte mit sich brachte. Hamburg erlebte während dieser Zeit eine einmalige wirtschaftliche Blüte und wuchs in rasantem Tempo. Um den vielen Neubürgern Wohnraum zu bieten, wurden nun alle Gebiete um die innere Stadt binnen weniger Jahrzehnte städtisch bebaut, und in Sankt Georg entstanden unter anderem gründerzeitliche Wohnsiedlungen für das Bürgertum, denen alsbald Kirchen, Theater und Schulen in großer Zahl folgten. Die vielen Hotels und einen noch weiter beschleunigten Strukturwandel verdankt der Stadtteil schließlich der Inbetriebnahme des Hauptbahnhofs im Jahr 1906.

Ein Schicksal teilten alle Bewohner Sankt Georgs und der umliegenden Stadtteile, als während des Zweiten Weltkriegs Abertausende Bomben auf

BLICK ÜBER SANKT GEORG HEUTE

sie niedergingen und eine einzige Trümmerwüste hinterließen. Besonders hart traf es dabei die Bewohner des Hammerbrooks und Borgfeldes – diese dichtbesiedelten Viertel wurden nahezu komplett ausgelöscht. Nachdem die Trümmer weitestgehend beseitigt wurden, fing man in den 1950er Jahren mit der zügigen Neubebauung der Stadtteile an, um dringend benötigten Wohnraum zu schaffen. Die Anordnung der einheitlich wirkenden Wohnhäuser, die sogenannte Zeilenbebauung, diente dabei nicht nur der Durchgrünung der Wohnanlagen, sondern zog zugleich eine Lehre aus den Bombennächten. Man wollte die Möglichkeit eines erneuten Feuersturms, begünstigt durch die vormalige Blockrandbebauung und ihre Kaminwirkung, ausschließen.

In den Nachkriegsjahren, die durch schnellen wirtschaftlichen Aufschwung geprägt waren, etablierte sich in Sankt Georg eine ganz neue Bevölkerungsgruppe: die so genannten »Gastarbeiter«, deren unterschiedliche Kulturen und Religionen den Stadtteil bis heute nachhaltig und sichtbar prägen. In Manier eines klassischen Bahnhofsviertels richtete sich seit den 1960er Jahren zudem eine rege Prostitutions- und Drogenszene ein. Und nicht zuletzt hat sich Sankt Georg zu einem beliebten Wohnort für schwule Männer entwickelt.

Auf den folgenden sechs Spaziergängen wird diese spannende Geschichte anhand der Straßen und Plätze sowie der Gebäude, die wir passieren, sicht- und greifbar. Aus fast allen Epochen der Entwicklungsgeschichte dieser Stadtteile sind viele Zeugnisse, die freilich oft gar nicht als solche wahrgenommen werden, erhalten geblieben. So treffen wir beispielsweise mitten in Sankt Georg auf ein Gartenhaus aus dem frühen 17. Jahrhundert, folgen dem Verlauf des ehemaligen Neuen Werks, vergegenwärtigen uns eine Hinrichtung auf dem Köppelberg, spazieren den Geestrücken entlang, sehen Zeugnisse der jahrhundertlangen Bemühung um die Trockenlegung des Hammerbrooks und begegnen dabei verschiedenen Hamburger Persönlichkeiten, die nicht nur die in diesem Buch beschriebenen östlichen Teile Hamburgs, sondern die Geschichte der ganzen Stadt maßgeblich geprägt haben.

CHRONIK

UM 1194	Gründung des Sankt Georg-Hospitals vor den Toren Hamburgs durch Graf Adolf III. von Schauenburg und Holstein zur Bekämpfung einer Lepraepidemie
1256	Erstmalige urkundliche Erwähnung des Dorfes Hamm, bestehend aus zwölf Bauernhöfen
1296	Der Rat der Stadt Hamburg und die Kirche erlassen Statuten für das Sankt Georg-Hospital, die die Stadt vor der Lepra schützen sollen. Die Erkrankten müssen sich weiß kleiden, dürfen nun nicht mehr in die Stadt gehen, Botengänge werden von gesunden Personen übernommen.
1375	Errichtung der Landwehr zwischen Alster und Bille
UM 1400	Die Lepra gilt in Hamburg als ausgerottet, das Sankt Georg-Hospital wird zu einem Armen- und Witwenhaus umfunktioniert.
1410	Sankt Georg, Hamm, Hammerbrook, Borgfelde und Hohenfelde werden Teil der Landherrenschaft Hamm und Horn.
1539	Vor dem Steintor wird eine 800 Meter lange Straße mit Steinen befestigt und fortan Steindamm genannt.
1554	Ansiedlung des Hamburger Galgens auf dem Köppelberg (heute Lohmühlenpark) und Anlage des Armen- und Seuchenfriedhofs an der Kirchenallee

1616–1626	Bau der Hamburger Wallanlagen
1681	Fertigstellung der Befestigungsanlage »Neues Werk« in Sankt Georg. Nun kann man den Ort nur noch durch das Berliner und das Lübecker Tor betreten.
1693	Eröffnung des Hammer Friedhofs
1722	Eröffnung des ersten Lämmermarkts am Steintor. Das Spektakel wird bis 1919 weitergeführt.
1747	Bau der Dreieinigkeitskirche in Sankt Georg
1773	Jacques de Chapeaurouge kauft den Hammer Hof und gestaltet die Anlage anschließend zum Hammer Park aus.
1813	Napoleonische Truppen lassen alle Dörfer und Wälder rings um die Hamburger Wallanlagen abreißen, um ein freies Blick- und Schussfeld auf mögliche Angreifer zu schaffen. Die Viertel Hohenfelde, Borgfelde und Hamm werden dem Erdboden gleichgemacht.
1823	Eröffnung des Allgemeinen Krankenhauses in Sankt Georg
1826	Abtragung der Hamburger Wallanlagen und des Neuen Werks im Rahmen der sogenannten Entfestigung
1830	Sankt Georg wird Vorstadt und 1868 eingemeindet.
1842	Der Große Brand vernichtet große Teile der Hamburger Altstadt. In Sankt Georg werden sogenannte »Hülfswohnungen« für die Opfer, wie etwa der Kattenhof, errichtet. Im selben Jahr wird mit dem Bau der Entwässerungskanäle im Hammerbrook begonnen, um das Gebiet urbar zu machen. Überwiegend Arbeiter werden hier angesiedelt, es entsteht der »Jammerbrook«.
1860	Aufhebung der Torsperre
1871	Hamm, Borgfelde und Hohenfelde werden Vorstädte und 1894 eingemeindet.
1873	Auflösung des Borgesch und Beginn der großstädtischen Bebauung Sankt Georgs

12

1874	Eröffnung des Museums für Kunst und Gewerbe
1878	Feierliche Einweihung des Brunnens auf dem Hansaplatz
1882	Fertigstellung des Marienhospitals
1885	Fertigstellung der Sankt Gertrud-Kirche am Kuhmühlenteich
1892	Die Cholera wütet in Hamburg.
1893	Eröffnung des Sankt Mariendoms, der als erster katholischer Kirchenneubau nach der Reformation auf hamburgischem Gebiet errichtet wird.
1900	Eröffnung des Deutschen Schauspielhauses
1903	Fertigstellung der Erlöserkirche in Borgfelde
1906	Bau des Hauptbahnhofs und des Gewerkschaftshauses am Besenbinderhof. Im selben Jahr wird das Kaiserliche Bahnpostamt am Hühnerposten eröffnet.
1909	Eröffnung des Hotels Atlantic
1912	Bau der Deichtorhallen, 1989 werden die Hallen in Ausstellungsräume für internationale Kunst umfunktioniert.
1914	Der Hammer Park geht in städtischen Besitz über und wird zum Volkspark für die östlichen Stadtteile Hamburgs.
1937	Hamm zählt fast 100 000, Borgfelde und Hohenfelde knapp 30 000 und Sankt Georg 34 000 Einwohner.
1938	Der 45 000 Einwohner zählende Hammerbrook wird ein eigener Stadtteil.
1943	Bei den Luftangriffen, die als »Operation Gommorha« in die Geschichte Hamburgs eingehen, zerstören die alliierten Streitkräfte große Teile Hamms, Borgfeldes und Hohenfeldes sowie Sankt Georgs. Der Stadtteil Hammerbrook wird nahezu vollständig ausgelöscht.
1944	Einrichtung eines Außenlagers des Konzentrations-

lagers Neuengamme in der Sankt Georgsburg in Hammerbrook

1950 Die letzten Kriegstrümmer in Sankt Georg sind geräumt.

1951 Das Sankt Georg-Hospital wird geschlossen.

1952 Einweihung der neuen Erlöserkirche in Borgfelde

1957 Einweihung der Dreifaltigkeitskirche in Hamm und Abschluss des Wiederaufbaus der im Krieg zerstörten Dreieinigkeitskirche in Sankt Georg

1962 Errichtung des Polizeihochhauses am Berliner Tor und des Großmarkts in Hammerbrook

1973 Fertigstellung der Alsterschwimmhalle. In diesem Jahr werden auch die letzten Gebäudekomplexe des Sankt Georg-Hospitals abgerissen.

1977 Umbau des ehemaligen Hammonia-Bads in der Böckmannstraße zur Centrum-Moschee. Die Kuppel und die Minarette werden 1990 angebaut.

1994 Einführung der AIDS-Seelsorge und des AIDS-Gottesdiensts in der Dreieinigkeitskirche. Errichtung des AIDS-Memorials »Namen und Steine« vor dem Turm der Kirche

1995 Hamburg wird von Papst Johannes Paul II. in den Stand eines Erzbistums erhoben. Die Bistumsverwaltung siedelt sich am Sankt Mariendom an.

2001 Fertigstellung des Bürokomplexes Berliner Bogen am Heidenkampsweg. Der umgestaltete Lohmühlenpark zwischen der Langen Reihe und dem Steindamm wird der Öffentlichkeit übergeben.

2004 Die Kirchengemeinden Sankt Georg und Borgfelde werden wieder zusammengeschlossen.

2011 Der Hansaplatz wird vollständig saniert.

SANKT GEORG — ENTLANG DER ALSTER

1

Sankt Georg-Stift ∗ Kattenhof ∗ Dreieinigkeitskirche ∗ Kreuzigungsgruppe ∗ Hellinger-Plastik ∗ Heerlein & Zindler-Stiftung ∗ Koppel 66 ∗ An der Alster

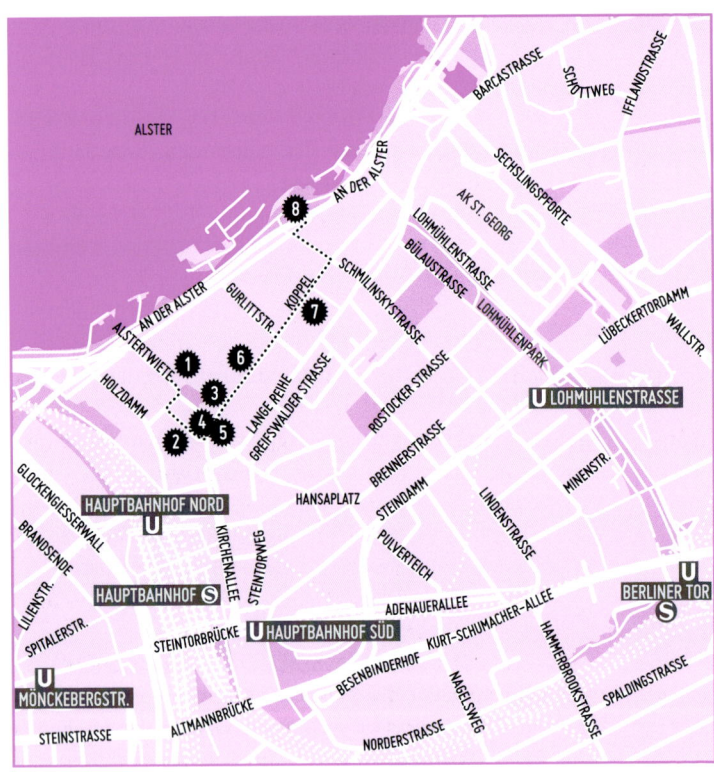

STARTPUNKT: Kreuzung Alstertwiete / Sankt Georgs Kirchhof / Rautenberg-
straße (U / S-Bahn-Station Hauptbahnhof)
ENDPUNKT: An der Alster (Buslinie M6 / Gurlittstraße)
DAUER: etwa 1,5 Stunden

Dieser Rundgang führt uns in der Nähe der Außenalster entlang, die die
westliche Grenze Sankt Georgs markiert. Auf unserer Tour machen wir bei
der Keimzelle Sankt Georgs Station, begeben uns auf die Spuren der Industrialisierung, die den Stadtteil bis heute sichtbar prägen, erfahren von
einer der größten Katastrophen in der Geschichte Hamburgs und schauen
uns ein Beispiel für die jahrhundertalte Stiftungstradition des Viertels an.
Außerdem begegnen wir modernen und alten Kunstwerken und machen
einige Abstecher ins Mittelalter. Am Ende erfahren wir, warum man die
Alsterschwäne nicht beleidigen sollte, und lernen einen sehr bedeutenden
Bürger Hamburgs kennen.

1 SANKT GEORG-STIFT

Die erste Station unseres Spaziergangs mag zunächst recht unspekta-
kulär wirken. Von der Alster aus sehen wir einen etwas steril wirkenden
Komplex von Neubauwohnungen, dann ein geklinkertes Büro- und Wohngebäude und schließlich einen hoch eingezäunten Spielplatz, an dessen
Ende der Turm der Dreieinigkeitskirche emporragt. Aber so wenig besonders dieser Ort auch scheint, an dieser Stelle, wo sich bis zum Ende des
12. Jahrhunderts vor den Toren der damals noch recht überschaubaren,
knapp 1500 Einwohner zählenden Stadt Hamburg nichts als Wald, Sumpf
und Wiesen befand, beginnt die Geschichte Sankt Georgs.

Das Gebiet gehörte einst zu den Besitzungen des Grafen Adolf III. von
Schauenburg und Holstein, der den Kaiser des Heiligen Römischen Rei-
ches Friedrich I., auch bekannt als Kaiser Rotbart oder Barbarossa, in den
Kreuzzug nach Palästina begleitet hatte, um die christlichen Stätten von

16 ihren muslimischen Eroberern zu befreien. Mit seinen Mannen in den Norden zurückgekehrt, brachte der Kreuzritter neben reicher Beute aus dem Orient auch eine Krankheit mit, die in hiesigen Gefilden bis dato noch nicht bekannt gewesen war: die Lepra.

Entsprechend wenig wusste man über die Übertragungswege und den genauen Krankheitsverlauf. Aber es war bekannt, dass es sich bei der Lepra um eine hochinfektiöse Krankheit handelte. Der typische Leidensweg eines Leprosen wird eindrucksvoll in Otto Benekes »Hamburgischen Geschichten und Sagen« geschildert:

»Sie muss furchtbar gewesen sein, diese rasch ansteckende, unheilbare, aber nur langsam zu Tode marternde Krankheit, welche in Folge der Kreuzzüge auch das Abendland verheerte. Während ihr höllisches Feuer in den innersten Eingeweiden mit stets wachsenden Qualen entbrannte und eine völlige Erschlaffung und Lähmung aller Glieder veranlasste, verwandelte sich, zuerst im Antlitz, dann überall, die Haut des Kranken in eine spröde, hornharte Schorfdecke, in deren schmerzhaften Rissen sich Geschwüre und Eiterbeulen festsetzten; langsam zehrte der Kranke dahin, erst wenn, nach jahrelanger Pein, auch die festen Körperteile zerfressen waren und einzeln abfielen, endete ein schleichendes Fieber das Jammerleben des Siechen durch den heiß ersehnten Tod [...]«

Um die steigende Zahl der an der Lepra erkrankten Menschen unterzubringen, ließ vermutlich Adolf III. im Jahr 1194 an dieser Stelle ein Siechenhaus mit angeschlossener Kapelle errichten und widmete es dem Heiligen Georg, der als Schutzpatron der Kreuzritter und Aussätzigen galt (Abb. 1+2). Ob es diesen heiligen Märtyrer, Drachenbezwinger und Ritter tatsächlich gegeben hat, ist nicht nachgewiesen, aber er wird seit dem 4. Jahrhun-

1 DER HEILIGE GEORG

dert verehrt und wurde zum Namensgeber des Stadtteils. Auch der für die Errichtung des Hospitals gewählte Standort war kein Zufall. Aufgrund der in Hamburg vorherrschenden Westwinde wählte man ein außerhalb und östlich der Stadt gelegenes Areal, damit der Wind

2 SIECHENKAPELLE, VOR DEM ABRISS 1743

die Gerüche und Übertragungskeime nicht in die Stadt wehte.

Die erste urkundliche Erwähnung des Stifts stammt aus dem Jahr 1220. Zu dieser Zeit war Graf Adolf III. bereits von den Dänen vertrieben worden, und sein Nachfolger Graf Albrecht von Orlamünde, der zwischen 1202 und 1227 im Namen des dänischen Königs Waldemar II. die Gebiete Holstein und Hamburg verwaltete, schenkte dem amtierenden Geistlichen die Kapelle am Sankt Georg-Hospital sowie drei anliegende Äcker, die sich um die heutige Straße Koppel und auf dem Gebiet der heutigen Außenalster befanden.

Die Lepra hielt sich hartnäckig in Hamburg, und die Anzahl der Patienten wuchs stetig. Da sich kein gesunder Hamburger in die Nähe des Siechenhauses traute, wurde das Hospital zunächst von dem mit seiner Leitung bestellten Priester, der zugleich als Arzt und Seelsorger tätig gewesen sein muss, und seinen Bewohnern selbst verwaltet und versorgt. Zweimal die Woche ging ein sogenannter »Korfdreger« (Korbträger) in die Stadt, um Spenden für das Hospital und seine Bewohner zu sammeln. Erst gut einhundert Jahre nach der Gründung des Sankt Georg-Stifts, 1296, wurde die Verwaltung des Stifts vom Rat der Stadt Hamburg übernommen, und es wurden Statuten für die Erkrankten erlassen. So mussten sich die Leprakranken stets in Weiß kleiden, damit man sie als die »armen Elenden« erkannte. Den kranken Menschen war es strengstens untersagt, das Hospital zu verlassen und in die Stadt zu gehen. Die Botengänge wurden ausschließlich von gesunden Personen erledigt, und das Hospital durfte keine Essensspenden ausgeben. Ferner wurde das Aufnahmeprocedere für Neuerkrankte streng reglementiert, und die Neuankömmlinge hatten ein aus heutiger Sicht groteskes Ritual zu durchlaufen. Wurde bei ihnen die Krankheit festgestellt, so wurden sie formal für tot erklärt und saßen dann ihrer eigenen Totenmesse bei. Nach der Messe gingen sie ins Hospital, wo sie die Zeit bis zu ihrem Ableben verbrachten und dem sie ihr ganzes Hab und Gut überschreiben mussten. Für die Versorgung der Kranken sowie für den baulichen Erhalt des Hauses wurde eigens ein Hofmeister eingestellt. Ihm waren ein Schreiber, zwei bis drei Mägde, je ein Schweine-, Kuh- und Gänsehirt, ein Baumeister mit Knechten, zwei Bäcker, Köche und ein Brauer unterstellt, die für den reibungslosen Ablauf des Hospitalalltags sorgten – im Schnitt lebten knapp siebzig Personen auf diesem Areal.

Erst Anfang des 15. Jahrhunderts galt die Lepra in Hamburg als ausgerottet. Anstelle von Leprakranken zogen nun Kranke mit den unterschiedlichsten Gebrechen und verarmte Menschen in das Stift ein. Als Anfang des 17. Jahrhunderts der Pesthof auf dem Hamburger Berg (dem heutigen Sankt Pauli) eröffnet wurde, verlagerte sich die Versorgung der Kranken dorthin, und das Sankt Georg-Hospital beherbergte nun vor allem verarmte alte Frauen und Witwen. In dieser Funktion wurde das Sankt Georg-Stift über mehrere Jahrhunderte bis 1951 weitergeführt, 1973 schließlich wurde der letzte Gebäudekomplex des Stifts zugunsten eines Verwaltungsgebäudes der Volksfürsorge abgerissen, das es mittlerweile auch nicht mehr gibt (Abb. 3). Heute ist leider von dem Hospital, das die Geschichte Sankt Georgs über die Jahrhunderte geprägt hat, nichts mehr zu sehen.

Bevor wir unseren Weg fortsetzen, werfen wir noch einen Blick auf den hohen Zaun, der den Spielplatz bei der Kirche umgibt. Die soziale Struktur Sankt Georgs hat sich nach dem Zweiten Weltkrieg grundlegend verändert. Neben der Vielzahl neuer Lebensentwürfe etablierte sich im Stadtteil seit den 1960er Jahren auch eine große und sichtbare Drogenszene. Dro-

3 SANKT GEORG-HOSPITAL, ZEICHNUNG 1973

gen wurden hier bis vor einigen Jahren nicht nur verkauft, sondern auch konsumiert (vornehmlich wurde Heroin injiziert), was den Stadtteil nicht unbedingt zu einem kinderfreundlichen Ort machte. Um den Zugang und Aufenthalt für die Drogenabhängigen zu erschweren und die wenigen Kinder, die im Viertel lebten, vor dem Spritzenbesteck der Abhängigen und den Dealertätigkeiten zu schützen, wurden die wenigen Spielplätze schließlich mit hohen Zäunen versehen. Heute hat sich der Drogenkonsum auf Rauschgifte verschoben, die, wie beispielsweise Crack, nicht mehr gespritzt, sondern inhaliert werden. Dadurch sowie durch die Verdrängung der Drogenszene aus dem Viertel haben die hohen und schützenden Zäune ihren Zweck heute weitgehend verloren.

Bevor es nun weiter zum Turm der Dreieinigkeitskirche geht, machen wir einen Schlenker in die Rautenbergstraße und biegen dann links in die Sankt Georgstraße ein.

2 KATTENHOF

Am Ende der Sankt Georgstraße, bei den Hausnummern 5–7, stehen auf der rechten Seite zwei Fachwerkhäuser, die architektonisch nicht recht in das Gesamtbild ihrer Umgebung passen. Das kleine, mittlerweile denkmalgeschützte Ensemble trägt den Namen Kattenhof, seine zur Straße zeigende Front verbirgt einen ebenfalls aus Fachwerkhäusern bestehenden Innenhof. Aufgrund seiner komplexen Größe wird dieses Gebäude auch »das Dorf« genannt (Abb. 4). Seine Existenz verdankt der mittelalterlich anmutende Bau einer der größten Katastrophen in der Geschichte Hamburgs.

Um etwa ein Uhr in der Nacht zum 5. Mai des Jahres 1842 fing es in der Deichstraße 44, im Speicher des Zigarrenmachers Cohen, an zu brennen. Schnell eilte die Feuerwehr herbei und versuchte unter der Leitung des Spritzenmeisters Adolf Repsold das Feuer zu löschen. Aufgrund der vorangegangenen tagelangen Trockenheit und der ungünstigen Windverhältnisse blieben die Löschversuche jedoch erfolglos, und das Feuer breitete sich schnell auf die umliegenden Häuser aus. Ein regelrechtes Inferno überrollte nun die Altstadt von Hamburg und konnte, begünstigt durch Kompetenzunstimmigkeiten und die Überforderung von Rat und Behörden bei der Brandbekämpfung sowie die Tatsache, dass die engen Gassen der Altstadt überwiegend aus Fachwerkhäusern bestanden, drei Tage und Nächte lang in der Stadt wüten. Ein Drittel des Stadtgebiets, das zu jener Zeit etwa 4000 Wohnungen umfasste, wurde dabei komplett zerstört. 151 Menschen erlitten Verletzungen, 51 kamen ums Leben, und über 20 000 Hamburger – gut zehn Prozent der Hamburger Bevölkerung – verloren ihr Hab und

4 KATTENHOF HEUTE

Gut. Auch die Bewohner Sankt Georgs sahen sich mit der näher rückenden Feuerwand konfrontiert, und viele Bewohner, die in der Nähe des Walles (vgl. Rundgang 2, Das Neue Werk) wohnten, flüchteten. Die brennbaren Materialien der bedrohten Gebäude wurden feucht gehalten und die durch den Funkenflug entfachten kleineren Feuer schnell gelöscht. Als schließlich die noch vorhandenen Schneisen der Wallanlagen die Flammen stoppen konnten, blieb Sankt Georg zwar von größeren Schäden verschont, bekam die Brandfolgen aber als Notaufnahmequartier für einen Großteil der Obdachlosen zu spüren. Eiligst wurden nun Unterkunftsmöglichkeiten geschaffen, zu denen unter anderem die sogenannten »Hülfswohnungen« gehörten. Der Kattenhof, der 1843 für diese Zwecke fertiggestellt wurde, ist ein Überbleibsel aus dieser Zeit und sollte ursprünglich nur für 25 Jahre bestehen bleiben. Aber nicht nur hier wurden die obdachlos gewordenen Hamburger untergebracht. Auch vor dem Steintor wurden Zeltlager und sogenannte Budenstädte aufgebaut und die Dreieinigkeitskirche nahm etwa eintausend Menschen auf.

Die Katastrophe, die als »Großer Brand« oder »Hamburger Brand« in die Stadtgeschichte eingegangen ist, forderte von Sankt Georg allerdings nicht nur Hilfe bei der Unterbringung der obdachlos gewordenen Hamburger, sondern auch einen finanziellen Tribut. Zwar konnte ein Teil der enormen Schadensumme von 135 Millionen Mark durch Spenden aus ganz Europa aufgebracht werden, aber eben nur ein Teil. Neben den neu aufgenommenen Krediten zum Wiederaufbau der Stadt finanzierte der Rat die Beseitigung der Brandschäden durch eine um 25 Prozent erhöhte Grundsteuer in den Vorstädten Sankt Georg und Sankt Pauli .

Wir gehen nun weiter zur Dreieinigkeitskirche am Sankt Georgs Kirchhof / Ecke Koppel.

3 DREIEINIGKEITSKIRCHE

Die Dreieinigkeitskirche, die von den Bewohnern des Stadtteils auch Sankt Georg-Kirche genannt wird, beheimatet heute eine im Viertel sehr enga-

5+6 DREIEINIGKEITSKIRCHE, 1875

gierte protestantische (evangelisch-lutherische) Gemeinde. Ursprünglich befand sich hier die um 1200 errichtete Kirche des Sankt Georg-Stifts, die auch »Siechenkapelle« genannt wurde. Über die Jahrhunderte wurde die alte Kapelle immer wieder umgebaut und erweitert, war aber nach mehr als einem halben Jahrtausend so baufällig, dass weitere bauliche Eingriffe nicht mehr möglich schienen. Sie wurde daher abgerissen und durch die Dreieinigkeitskirche ersetzt.

Die Bauleitung des Projekts übernahm der seit 1740 amtierende Hamburger Stadtbaumeister Johann Leonhard Prey, der einige Jahre später auch die bei einem Brand komplett zerstörte Sankt Michaelis-Kirche wieder aufbaute, und errichtete zwischen 1743 und 1747 die im unverwechselbaren Barockstil gestaltete Kirche (Abb. 5+6). Eingeweiht wurde der Sakralbau mit seinem 32 mal 52 Meter messenden Kirchenschiff und dem 67 Meter hohen Turm schließlich am 26. Oktober 1747 bei »wunderschönem Wetter und unter recht erhebenden gottesdienstlichen Ceremonien, mit Läuten der Glocken und bei tausendfachem Zujauchzen der Bewohner Sankt Georgs und der Ankömmlinge aus Hamburg«. Unter den knapp eintausend geladenen Gästen des Pastors Heinrich Hoek und seiner Gemeinde befanden sich unter anderem der Bürgermeister Conrad Widow, der eigens mit imposantem Vierspänner und Eskorte von seiner Wohnung aus Hamburg zum ersten Besuch der Kirche ab-

7+8 RUINE DER DREIEINIGKEITSKIRCHE IN DEN 1950ER JAHREN

geholt wurde, sowie selbstverständlich der Baumeister, der im Rahmen der Einweihung mit einer für diesen Anlass geprägten Gedenkmünze geehrt und mit weiteren Geldgeschenken gewürdigt wurde. Mit der Fertigstellung des Kirchenneubaus hatte Sankt Georg nun erstmals ein repräsentatives Wahrzeichen, und sein Baumeister Prey fühlte sich mit dem signifikanten Bau so sehr verbunden, dass er sich nach seinem Tod 1757 unter dem Turm bestatten ließ.

Im Zweiten Weltkrieg fiel das Kirchengebäude, das Zeitzeugen als noch prächtiger als den »Michel« beschrieben, dem Bombardement vom 25. Juli 1943 (vgl. Exkurs »Operation Gomorrha«) zum Opfer. Während das Kirchenschiff dabei komplett zerstört wurde, blieb nur der Turm, allerdings ohne Spitze, stehen (Abb. 7+8). Nach dem Krieg trug man die Trümmer des Kirchenschiffs bis auf ein altes Portal ab. In den Jahren 1956/57 wurde dann unter der Leitung des Architekten Heinz Graaf das heutige, etwas nüchtern wirkende Kirchengebäude als in zum Vorgängerbau veränderter Achsenführung ausgerichteter Längsbau errichtet (Abb. 9). Die Achsenverschiebung hat den heutigen Kirchhof ermöglicht, der Neubau ist durch ein Glasfoyer mit dem alten Turm verbunden, der erst 1967 nach den Originalplänen von Johann Leonhard Prey wiedererrichtet wurde. Auf dem neu entstandenen Kirchvorplatz wurde 1962 ein Standbild von Gerhard Marcks (1889–1981) aufgestellt, das den Heiligen Georg samt Drachen dar-

9+10 DREIEINIGKEITSKIRCHE UM 1900, UND AIDS-MEMORIAL »NAMEN UND STEINE«

stellt. Wenn wir vom Turm aus einige Meter in Richtung Koppel gehen, passieren wir das noch erhaltene Portal des Ursprungsbaus der Dreieinigkeitskirche, das Graaf in den Neubau integrierte.

Als Anfang der 1980er Jahre in den USA die ersten Fälle der damals noch unbekannten Krankheit AIDS auftraten, waren zunächst vor allem homosexuelle Männer betroffen. Dass die Krankheit die große Gay-Community in Sankt Georg erreichen würde (vgl. Exkurs »Schwules Leben in Sankt Georg«), war eigentlich nur eine Frage der Zeit. Die Betroffenen starben anfangs sehr vereinsamt, denn ihr soziales Umfeld sorgte sich vor Ansteckung und wandte sich deshalb oftmals ganz von den Patienten ab. Diesen dramatisch vereinsamten Erkrankten und Sterbenden nahm sich die Kirchengemeinde der Sankt Georg-Kirche an, indem sie seit 1994 die sogenannte AIDS-Seelsorge anbietet. Um dieses Angebot für möglichst viele Menschen zu öffnen, wurde Wert darauf gelegt, dass nicht nur Betroffene mit protestantischem Bekenntnis es in Anspruch nehmen durften. Im selben Jahr wurde auch der legendäre AIDS-Gottesdienst, der immer am letzten Sonntag im Monat um 18 Uhr gefeiert wird, eingeführt.

Direkt vor dem Turm findet sich das 1994 von dem Künstler Tom Fecht in den Boden eingelassene AIDS-Memorial »Namen und Steine« (Abb. 10). Für das kreuzförmig angelegte Mahnmal wurden die Namen der Toten in die Pflastersteine eingemeißelt. Damit soll nicht nur der Verstorbenen gedacht werden, sondern auch an die sozialen Folgen des Umgangs mit dieser gefährlichen Krankheit gemahnt werden.

SCHWULES LEBEN IN SANKT GEORG

Die Entwicklung Sankt Georgs zum »Gay-Village« Hamburgs hat eine recht lange und wechselvolle Geschichte. Bereits im Kaiserreich gab es in der Hansestadt vereinzelt schwule Bars und Kneipen, die aber hauptsächlich in der Neustadt und auf Sankt Pauli zu finden waren. Erst nach dem Bau des Hauptbahnhofs und befördert durch die vielen Menschen, die Sankt Georg zu einem hochfrequentierten Durchgangsort machten, siedelten sich hier vermehrt Bars und schwule Treffpunkte an.

Eine erste Blüte erlebte die schwul/lesbische Subkultur in Hamburg in der Weimarer Zeit nach dem Ersten Weltkrieg. Als unangefochtene Hochburg galt damals zwar das schillernde Berlin mit seinen über einhundert Etablissements, wohingegen Hamburg mit einem Angebot von knapp dreißig Kneipen etwas hinterherhinkte. Allerdings sind diese Zahlen nicht unbedingt vollständig, es handelt sich dabei lediglich um jene Hamburger Kneipen, die von den Akten der Kriminalpolizei erfasst wurden.

Die schwulen Bars von Sankt Georg wie die »Brennerburg« oder »Moni's Porterstuben« waren in den 1920er Jahren überwiegend in der Rostocker Straße und in der Brennerstraße zu finden. Daneben entwickelten sich in den Zwischenkriegsjahren im Stadtteil sogenannte Freundschaftsbünde, die sich nicht nur aus Gründen der Geselligkeit trafen, sondern sich politisch für die gesellschaftliche Akzeptanz der Homosexuellen stark machten. Ein besonderes Ziel war die Abschaffung des seit 1872 im Reichsstrafgesetzbuch verankerten §175, der sexuelle Handlungen zwischen Männern unter Strafe stellte. Der größte Freundschaftsbund in Hamburg war die 1920 gegründete »Hamburger Gesellschaft für Sexualforschung (HGfS)«, die ihren Mitgliedern unterschiedliche Beratungen anbot, aber auch diverse Freizeitangebote machte. Einer der bekanntesten Vorstreiter dieser politischen Bewegung war der Arzt und Pionier der Sexualforschung Magnus Hirschfeld (1868–1935), nach dem auch das schwule Begegnungszentrum in Winterhude benannt wurde.

Die Goldenen Zwanziger waren für die Schwulen- und Lesbenbewegung eine gute Zeit, denn nachdem in den Jahren des Kaiserreichs gegenüber Minderheiten ein repressives Klima geherrscht hatte, entwickelte die Gesellschaft nun mehr Offenheit und Toleranz. So saßen unter den Zuhörern der Vorträge Magnus Hirschfelds mitunter auch interessierte Vertreter der Justiz und der Hamburger Polizei.

Einen tiefen Einschnitt erlebte die schwule Emanzipationsbewegung nach der Machtergreifung der Nationalsozialisten. Diese verschärften seit 1934 den §175, indem sie die von dem Paragrafen erfassten »unzüchtigen« Handlungen um eine Vielzahl an Tatbeständen erweiterten. Letztlich machten sich schwule Männer (für lesbische Frauen galt dieser Paragraf nicht) schon strafbar, wenn sie nur den Blickkontakt zu anderen Männern suchten.

Ein beliebter Treffpunkt zum Kennenlernen und der schwulen Prostitution war in den 1930er Jahren der Hauptbahnhof. Um der Kontaktanbahnung an diesem Ort ein Ende zu setzen, richtete die Hitlerjugend 1934 dort eine Art Wachposten ein. Die Jugendlichen hatten nun die Aufgabe, die Kontaktaufnahme zu beobachten, verdächtige Personen zu denunzieren und gegebenenfalls auch selbst einzugreifen. Einen Höhepunkt der Repressalien stellte 1936 eine großangelegte »Säuberungsaktion« der Gestapo dar, in deren Folge mehrere einschlägige Schwulenbars in Sankt Georg geschlossen wurden.

Nach dem Zweiten Weltkrieg hoffte die schwule Gemeinde auf die Abschaffung des §175, wurde aber durch ein Urteil des Bundesverfassungsgerichts enttäuscht, das in seiner Begründung für die Beibehaltung des Paragrafen hervorhob, die »gleichgeschlechtliche Betätigung«

verstoße »eindeutig gegen das Sittengesetz« und verletze »das sittliche Empfinden «. Abgeschafft wurde der Paragraf erst 1994.

Nichtsdestotrotz vergrößerte sich die schwule Szene in den Großstädten und machte Hamburg in den Nachkriegsjahren zu einer ihrer Hochburgen. Das Angebot, das sich nun in Sankt Georg und auf Sankt Pauli konzentrierte, war sogar deutlich vielseitiger und größer als das in Berlin. Zu den bekanntesten Treffpunkten entwickelten sich etwa die 1952 eröffnete »Koppelklause« an der Koppel oder die Kneipe »Robby-Bar« in der Langen Reihe, die ihren Betrieb 1958 aufnahm, sowie die »Götterstuben« in der Gurlittstraße. Legendär war auch das »Tuskulum« (1960) am Kreuzweg oder später »Rudi's Nightclub« (1968) am Steindamm.

In der Nachkriegszeit erlebten daneben vor allem die sogenannten Klappen, wo Männer schnellen und anonymen Sex miteinander haben konnten, ihre Hochphase. Bevorzugte Klappen waren öffentliche Toiletten, aber auch schwer einsehbare Ruinen aus dem Zweiten Weltkrieg wie in der Langen Reihe oder auf dem heutigen Carl-von-Ossietzky-Platz sowie im Bunker unter dem Hachmannplatz am Hauptbahnhof.

Auch wenn Hamburg nun deutschlandweit als eine der liberalsten Städte galt, verfolgte die Polizei schwule Männer doch unvermindert weiter und führte oft Razzien in den einschlägigen Bars durch. Im Schnitt wurden dabei in der Hansestadt jährlich mehr als 300 Vergehen nach dem § 175 geahndet. Eine Ausweitung erlebten die Kontrollen unter dem Innensenator Helmut Schmidt in der Zeit von 1961 bis 1965, der in den öffentlichen Toiletten sogar Einwegspiegel einbauen ließ, mit deren Hilfe die Polizei unbemerkt homosexuelle und somit strafbare Handlungen beobachten konnte. Während Schmidts Amtszeit als Innensenator stieg die Zahl der jährlichen Anzeigen auf einen Rekordwert von 424 an.

Aber auch diese Maßnahmen konnten der Verbreitung des schwulen Lebens im Stadtteil letztlich nichts anhaben, und im Gegensatz zu Sankt Pauli baute Sankt Georg seine schwule Infrastruktur immer weiter aus, sodass sich in den Umbruchsjahren nach 1968 im Viertel ein eigener schwuler Lebensstil entwickelte. Es war nun nicht mehr nur zum Ausgehen sehr beliebt, sondern in den 1970er Jahren zogen auch sehr viele schwule Männer hierher, und die Szene wurde immer selbstbewusster und vielfältiger. 1973 etwa wurde das »Cabaret Pulverfass« als Travestiebühne am Pulverteich eröffnet, im gleichen Jahr öffnete gegenüber die schwule Diskothek »PIT« ihre Pforten und 1974 die bis heute existierende Lederbar »Toms Saloon«, in der eine Dauerausstellung des Künstlers Tom of Finland zu sehen ist. Ebenfalls in jenem Jahr fand auch das erste schwule Ledertreffen in Hamburg statt, dessen Veranstaltungen und Partys ihren Ort bis heute hauptsächlich in Sankt Georg haben.

Auch eine schwule Demonstrationskultur entwickelte sich in Sankt Georg früh. So fand 1980 die erste Stonewall-Demonstration in Sankt Georg statt, die auf den Protest gegen eine Polizeirazzia in der Schwulenbar »Stonewall-Inn« in der New Yorker Christopher Street im Jahre 1969 zurückgeht und eine Vorläuferin des »Hamburg Prides« bildet, dessen Paraden alljährlich im Sommer in der Langen Reihe starten.

Eine Zäsur in der Entwicklung schwulen Lebens bedeutete das Aufkommen der Immunschwächekrankheit AIDS. Die Infektion, die erstmals 1981 in den USA diagnostiziert wurde, erreichte bald auch Hamburg und insbesondere Sankt Georg. Als Beratungsstelle für Erkrankte wurde 1984 die AIDS-Hilfe e.V. gegründet, die zunächst in den Räumlichkeiten des Magnus-Hirschfeld-Centrums in Winterhude untergebracht war und ihre Büros heute in der Langen Reihe unterhält. Anfang der 1990er Jahre kam ein weiteres Beratungs- und Präventionszentrum, das »Hein und Fiete«, hinzu. Aber auch die protestantische Kirchengemeinde der Dreieinigkeitskirche setzte ab 1994 Akzente, indem sie neben dem Angebot einer überkonfessionellen

AIDS-Seelsorge regelmäßige AIDS-Gottesdienste einrichtete und vor ihrer Kirche das AIDS-Memorial installierte (vgl. Rundgang 1, Dreieinigkeitskirche).

Heute scheint die anfangs so quirlige Schwulenszene in Sankt Georg etwas ruhiger geworden zu sein, denn etliche der legendären Bars gibt es nicht mehr. Vielleicht ist dies auch der Tatsache geschuldet, dass die im Viertel lebende Gay-Community mittlerweile älter geworden ist und die nachkommenden Generationen, die überdies in anderen Stadtteilen günstiger wohnen können, zur Kontaktfindung zunehmend das Internet nutzen.

4 KREUZIGUNGSGRUPPE

Wenden wir uns nun dem Sankt Georgs Kirchhof/Spadenteich zu, der heute überwiegend als Parkplatz genutzt wird. Hier stoßen wir auf eines der ältesten Zeugnisse des Viertels, die unweit des Turms auf drei Sockeln stehende Kreuzigungsgruppe (Abb. 11). In der Mitte befindet sich der ans Kreuz geschlagene Jesus, flankiert wird er von Maria und Johannes. Die Figuren auf den nebenstehenden Sockeln stellen zwei Verbrecher dar, die zusammen mit Jesus gekreuzigt wurden. Auf dem Kopf des Gekreuzigten linker Hand sitzt ein Engel. Dieser Engel soll die zarte Seele eines Kindes symbolisieren, dessen Geist von dem Verurteilten aufgenommen werden soll. Auf dem Kopf der Kreuzigungsfigur zur Rechten Jesu liegt hingegen als Verkörperung des Bösen eine »Klaue«. Die Gruppe wurde um 1490 von einem bis heute nicht bekannten Künstler gegossen und bildete das Ziel feierlicher katholischer Prozessionszüge im spätmittelalterlichen Hamburg, auf denen die Hamburger Katholiken alljährlich am Karfreitag vom damaligen Mariendom auf dem heutigen Domplatz beim Speersort nach Sankt Georg pilgerten – eine Entfernung, die dem Leidensweg Christi vom Zentrum Jerusalems bis auf den Berg Golgatha entsprechen sollte und diesen symbolisch nachbildete.

Nach 1938 erlebte die Kreuzigungsgruppe dann einen eigenen Leidensweg, denn die Nationalsozialisten bauten das Ensemble ab und lagerten es später im Bunker auf dem Heiligengeistfeld ein. So überlebte die Kreuzigungsgruppe den Zweiten Weltkrieg unversehrt und wurde nach dem Krieg dem Museum für Hamburgische Geschichte übergeben, das sie in seine dauerhafte Ausstellung aufnahm. Später lieferten sich Kirche und Stadt einen juristischen Streit über die Eigentumsverhältnisse an den Skulpturen, der schließlich zugunsten der Stadt entschieden wurde, da die Gruppe stets im Freien und auf einem öffentlichen Platz gestanden habe. In einer neuen Wendung des Schicksals entschied dann 1961 die Kulturdeputation, dass die Kreuzigungsgruppe der Kirche zurückgegeben werden sollte, und um die Jahrtausendwende wurde sie im Rahmen einer Mittelalter-Ausstellung präsentiert. Durch die Jahrhunderte der Witterung ausgesetzt und dadurch stark angeschlagen, konnte sie schließlich in einem dreijährigen Prozess in den Restaurationswerkstätten der Sankt Jacobi-Kirche umfassend instandgesetzt und am Karfreitag 2004 an die Dreieinigkeitskirche übergeben werden.

Von dieser Kreuzigungsgruppe ist das Ensemble, das wir heute hier sehen, allerdings »nur« ein Nachguss. Das Original befindet sich im Turm der Dreieinigkeitskirche.

5 HELLINGER-PLASTIK

Vis-à-vis der Kreuzigungsgruppe sieht man 24 verrostete Planken von abgewrackten Schiffen aus dem Boden ragen (Abb. 12). Dieses Kunstwerk wurde 1987 im Rahmen des zu Beginn der 1980er Jahre von der Kulturbehörde aufgelegten Programms »Kunst im öffentlichen Raum« hier aufgestellt. Der Künstler Horst Hellinger (1949–1999) installierte hier allerdings nicht nur die Schiffsplanken, sondern gestaltete den ganzen Platz. Die Planken sollen einen Zusammenhang zwischen Sankt Georg und dem nicht weit entfernten Hafen und seiner Werfttradition herstellen. Tatsächlich war und ist dieses Kunstwerk im Viertel sehr umstritten

11+12 KREUZIGUNGSGRUPPE UND HELLINGER-PLASTIK

und polarisiert Politik, anliegende Institutionen und Anwohner. Gegner des Projekts beklagen die Unansehnlichkeit der Skulpturen und bringen unter anderem vor, dass die Schiffsplanken weniger als Kunst erkennbar seien, sondern eher zur Nutzung als öffentliches Pissoir einladen. Befürworter indes halten den Bezug der Installation zum Hafen für sinnfällig und die Planken deshalb für erhaltenswert. Seinen vorerst letzten Höhepunkt fand der Streit um die Hellinger-Plastik Mitte des vergangenen Jahrzehnts, als das Bezirksamt-Mitte auf Antrag der Kirchengemeinde und der Kulturbehörde ihren Umzug von diesem Platz in den Hafen beschließen wollte. Als Grund wurde zum einen die kostenintensive Pflege der Plastik genannt, zum anderen sollte eine Beseitigung des Kunstwerks Platz für die Außenbestuhlung der sich in Sankt Georg ausbreitenden Gastronomie machen. Als dann nach umfassender Restaurierung die Kreuzigungsgruppe – wenngleich auch nur der Nachguss – aufgestellt wurde, fand wiederum ein Umdenken statt. Nun beantragte die Kirchengemeinde den Verbleib der Schiffsplanken, da sie zusammen mit den Skulpturen einen Dialog zwischen alter und neuer Kunst bildeten. Das Schlusswort in dieser Debatte sprach dann die damalige Kultursenatorin Karin von Welck: »Es gibt gute Gründe, diese Plastik am Spadenteich zu lassen. Dadurch, dass der gesamte Platz vom Künstler gestaltet wurde, lassen sich Ort und Plastik nicht voneinander trennen. Auch Hellingers Absicht, mit

32 der Plastik den Stadtteil Sankt Georg in die Hamburger Werftgeschichte einzubinden, lässt einen neuen Standort nicht zu.«

Letztlich wurden auch die Kosten eines Umzugs zu Argumenten in der Debatte. Da die Schiffsplanken mittels einer Betonwanne knapp einen Meter tief in den Boden des Platzes eingelassen wurden, hätte sich der Abbau, dessen Kosten vom Bezirksamt auf 20 000 bis 50 000 Euro beziffert wurden, als schwierig erwiesen. Horst Hellinger hat diesen Streit zwischen den Institutionen und den Behörden nicht mehr miterleben müssen, denn er starb bereits 1999. Die Pflege dieser Plastik und die dafür anfallenden Kosten hat mittlerweile die Kulturbehörde übernommen.

Wir wenden uns nun von dem Platz ab und gehen in die neben dem Turm einmündende Straße Koppel, die wir ein Stück hinaufgehen. Der Name Koppel leitet sich von dem Zugangsweg zu den damals hier befindlichen Äckern des Sankt Georg-Stifts ab. Auf der linken Seite gelangt man an der Koppel 17 durch eine Toreinfahrt auf ein großzügiges Stiftungsgelände.

6 HEERLEIN-UND-ZINDLER-STIFTUNG

Knapp zehn Jahre nachdem Martin Luther an der Wittenberger Schlosskirche seine legendären 95 Thesen angeschlagen hatte, war Hamburg zu einer Hochburg der Reformation geworden und entwickelte sich fortan zu einer protestantischen Stadt (vgl. Rundgang 4, Sankt Mariendom). Mit diesem religiösen Wandel veränderten sich allmählich etablierte Gesellschaftsstrukturen und lösten sich zum Teil ganz auf. Eines der größten Probleme, die sich durch diese Veränderungen ergaben, war die Versorgung der unverheirateten Frauen und Witwen aus den höheren Gesellschaftsschichten, die zuvor in den Klöstern ein abgesichertes und versorgtes Leben gefunden hatten. Dass sie sich durch Arbeit um ihr eigenes Ein- und Auskommen gekümmert hätten, wäre damals schlichtweg undenkbar gewesen. Klöster sah nun aber die protestantische Kirche nicht vor, und Alternativen für ein Unterkommen bestanden für die betroffenen

Frauen nicht. Zwar lebten in Hamburg traditionell kaum adelige, dafür aber umso mehr reiche – oder auch verarmte – Kaufmannsfamilien, deren Witwen und ledige Töchter irgendwo untergebracht werden mussten.

Aber nicht nur für die alleinstehenden Frauen bedeutete die Reformation eine tiefgreifende Veränderung, auch den mittellosen Menschen fehlte die Armenversorgung der katholischen Kirche. So fortschrittlich und befreiend die Reformation in Glaubensfragen auch gewesen sein mochte, waren nun sozialpolitische Alternativen gefragt. Und da sich die Kirche um diese Fragen nicht mehr primär kümmerte, übernahmen nun private und halböffentliche Stiftungen, die sogenannten Bruderschaften, ihre Aufgaben.

Auf dem heutigen Stiftungsareal (Abb. 13) befand sich ursprünglich das Familienanwesen des wohlhabenden Ratskellermeisters und Weinhändlers August Heerlein. Wo heute die Stiftungsgebäude stehen, hatte die Familie Heerlein einst einen parkähnlichen Garten angelegt und ein zur Stirnseite der Außenalster gelegenes Wohnhaus gebaut (Abb. 14). August Heerlein war ein recht sozial eingestellter Mann. Ehrenamtlich engagierte er sich für verschiedene wohltätige Zwecke wie beispielsweise die Förderung der Deutschen Gesellschaft zur Rettung Schiffbrüchiger. Ein weiteres, von ihm selbst geplantes Projekt war die Gründung einer Stiftung zugunsten verarmter Töchter und Witwen aus alten Hamburger Kaufmannsfamilien. Im Jahre 1878 starb August Heerlein im Alter von 74 Jahren, und erst 16 Jahre später, also 1894, verwirklichten seine Witwe Augusta und seine Toch-

13 INNENHOF HEERLEIN-UND-ZINDLER-STIFTUNG

ter Anna Elisabeth den Plan des Stifters und gründeten auf ihrem Privatgrundstück die August-Heerlein-Stiftung.

Mit der Gründung der Stiftung wurde auch der Grundstein für das erste Gebäude, nämlich des gelbsteinigen neogotischen Baus an der Koppel mit seinen noch heute eindrucksvollen Werksteinelementen, gelegt. Als Architekt wurde Ernst Dorn beauftragt, unter dessen Leitung dreißig Wohnungen entstanden. Nach den Statuten der August-Heerlein-Stiftung zogen »hiesige, unbescholtene christliche Witwen und Jungfrauen aus gebildeteren Gesellschaftskreisen, welche aus beschränkten Verhältnissen« kamen, ein, und da ihre Zahl größer war als die der vorhandenen Wohnungen, wurden knapp zwanzig Jahre später zusätzlich das große und das kleine Gartenhaus errichtet. Um schließlich noch mehr Platz für ein viertes Stiftsgebäude zu schaffen, wurde 1912 auch noch das Wohnhaus der Heerleins an der Alster abgerissen. Insgesamt entstanden in den ursprünglich vier Gebäuden 97 Wohneinheiten. Die Erweiterungsbauten wurden, im Gegensatz zum Stil des ersten Gebäudes, in hellrotem Backstein ausgeführt, an ihren Fassaden wurden barockisierende Gestaltungselemente verwendet. Auch hier übernahm der Architekt Ernst Dorn die Planung und Durchführung.

In den Bombennächten des Jahres 1943 wurde das Gebäude an der Alster nahezu vollständig zerstört und anschließend nicht wieder aufgebaut. Erst Anfang der 1980er Jahre erfolgte eine umfassende Renovierung des Stiftungsgebäudes und seine bauliche Anpassung an moderne Wohnansprüche. 1979 schloss sich die August-Heerlein-Stiftung dann mit der 1974 von den Hamburger Kaufleuten Charlotte und Werner Zindler gegründeten Zindlerstiftung zur heutigen Heerlein-und-Zindler-Stiftung zusammen, und zwischen den beiden Gartenhäusern wurde 1981 ein Alten- und Pflegeheim gebaut.

Heute beherbergt die Stiftung auf dem Gelände etwa einhundert Wohnungen in Größen zwischen vierzig und fünfzig Quadratmetern. Auch hat sich der ursprüngliche Stiftungsgedanke etwas gewandelt. Heute muss man weder nachweislich Witwe oder Jungfrau noch christlich oder gebil-

14 PRIVATHAUS DER FAMILIE HEERLEIN AN DER ALSTER

det sein, sondern darf auch männlich, muss aber mindestens 58 Jahre alt sein und einen sogenannten Berechtigungsschein vorweisen können, der belegt, dass man über ein relativ geringes Einkommen verfügt.

Wir verlassen nun das Gelände der Heerlein-und-Zindler-Stiftung und gehen die Koppel (Abb. 15) weiter hinauf.

 **KOPPEL 66**

Die Industrialisierung machte selbstverständlich auch vor den Toren Sankt Georgs nicht Halt, sodass sich seit dem Ende des 19. Jahrhunderts etliche kleinere und mittelgroße Manufakturen im Viertel ansiedelten. Wenn man mit aufmerksamem Blick durch die Hinterhöfe Sankt Georgs spaziert, kann man noch einige dieser alten Fabriken entdecken (u.a. in der Bremer Reihe, der Brennerstraße und in den Höfen an der Langen Reihe).

Einer der schönsten Industriebauten ist das Haus an der Koppel 66, dessen Adresse zugleich sein Name ist. Diese ehemalige kleine Manufaktur wurde 1924 unter der Leitung des Architekten Carl Plötz von dem Fabrikanten Alfred Eriksen erbaut und diente zunächst als Dreherei sowie für den Bau von Maschinen, musste allerdings ihren Betrieb nach vier Jahren aufgrund der schlechten wirtschaftlichen Lage wieder einstellen. Während des Zweiten Weltkriegs soll die Anlage als Revolverdreherei für die Wehrmacht gedient haben, nach dem Krieg stand das Gebäude lange leer, bis 1971 das mit zwei Filialen an der Langen Reihe ansässige Haushaltswaren- und Fotogeschäft »1000 Töpfe« sein Lager hier einrichtete.

Nachdem dieses Lager wieder ausgezogen war, wurde das Gebäude ab 1978 grundlegend saniert und zu dem bis heute bestehenden »Haus des Kunsthandwerks« umfunktioniert (Abb. 16+17). Erdacht wurde das Konzept, den Nachwuchs und die Kommunikation zwischen den Kunsthandwerkern zu fördern, von dem Restaurator Hans Dieter Rommeney. Der gemeinnützige Verein »Förderkreis Koppel 66 e.V.« übernahm dann die Umsetzung der Idee, und 1981 wurde die Ateliergemeinschaft eröffnet. Heute arbeiten hier insgesamt zwanzig Kunsthandwerker und Künstler in zwölf für die Öffentlichkeit zugänglichen Werkstätten. Besonders besuchenswert sind die Ausstellungen in der Adventszeit, wo man die Werke und Exponate nicht nur in Augenschein nehmen, sondern auch vor Ort erwerben kann.

Wir gehen nun die Koppel weiter hinauf bis zur Schmilinskystraße.

15 KOPPEL IM 18. JAHRHUNDERT

16+17 KOPPEL 66 HEUTE

Dort biegen wir links ab und gehen bis zur Außenalster, die die westliche und wohl auch die schönste Stadtteilgrenze von Sankt Georg bildet.

8 AN DER ALSTER

Die Alster ist ein kleiner, etwa 56 Kilometer langer Nebenfluss der Elbe, der in der Gemeinde Henstedt-Ulzburg in Schleswig-Holstein entspringt. Ihr Name leitet sich von einem althochdeutschen Wort ab, das so viel wie »aus dem Morast entspringendes Gewässer« bedeutet. Bereits im 12./13. Jahrhundert stauten die Hamburger diesen kleinen Fluss zwecks Gewinnung von Wasserkraft für die zahlreichen Mühlen, die an ihrem Ufer aufgestellt wurden, auf, wodurch der heute in Binnen- und Außenalster geteilte See entstand. Von unserem Standort, also rechts von der Schmilinskystraße, bis zur heutigen Sechslingspforte befand sich einst eine tiefe Einbuchtung der Alster, die fast bis zum heutigen Krankenhaus Sankt Georg reichte. Bereits 1682 wurde das Ufer begradigt und mit zwei Bastionen geschützt.

Die Straße An der Alster wurde 1726 als von zwei Lindenreihen gesäumte Allee angelegt (Abb. 18). Sie verband unseren Standort an der Schmilinskystraße mit der Alstertwiete in Richtung Innenstadt, wo sich die erste Station dieses Rundgangs befindet. Ab 1789 entstanden hier etwa 25 Gartenhäuser, die sich in weiten und tief ins Ufergelände

18 »AN DER ALSTER«, 1875

hineinreichenden Gärten verteilten. Begradigt wurde die Straße infolge der Entfestigung des Neuen Werks um 1820 (vgl. Rundgang 2, Das Neue Werk). Bei den Hamburgern war die Straße An der Alster zum Lustwandeln sehr beliebt, besonders die zwei Bastionen an der Begradigung waren ein bevorzugtes Ausflugziel. Um hier allerdings flanieren zu können, mussten sie einen weiten Umweg durch das Steintor machen (vgl. Rundgang 3, Steintor). Erst 1830 wurde das an der Lombardsbrücke befindliche Ferdinandstor für Fußgänger eingerichtet (Abb. 19) – das Verbindungsstück zwischen dem Ballindamm und der Straße An der Alster erinnert heute noch an seine Existenz. 1852 wurde diese Straße dann, zunächst nur für Fußgänger, durch die Alster- oder Sechslingspforte bis zur Uhlenhorst verlängert. Als man schließlich 1856 die Lohmühle (vgl. Rundgang 2, Lohmühle) abriss, wurde von dem britischen Ingenieur William Lindley ein heute noch vorhandener Crescent, eine halbmondförmige Schlaufe der Straße An der Alster / Höhe Lohmühlenstraße, eingerichtet, das Gelände der ehemaligen Mühle parzelliert und dann bebaut.

19 FERDINANDSTOR IM 19. JAHRHUNDERT

Schon seit dem 17. Jahrhundert war das Baden in der Alster eine beliebte Freizeitbeschäftigung. Die älteste Einrichtung dieser Art war die Donner'sche Badeanstalt, die sich bis zum Großen Brand an der Binnenalster befand und 1842 an die Außenalster, nahe der Lombardsbrücke, verlegt wurde. Allerdings konnte sich diese Institution nur bis 1869 halten, denn in der Schwanenwik-Bucht wurde alsbald eine Art Bade-Freizeitpark auf 900 in die Alster reichenden Pfählen errichtet. Diese Badeanstalt verfügte über zwei nach Geschlechtern getrennte Bassins, verschiedene Turngeräte und ein im Rokokostil ausgestattetes Restaurant. Auch Pferden und Hunden war es unweit von hier erlaubt, ein Bad zu nehmen – eine Tradition, die erst nach dem Zweiten Weltkrieg endete (vgl. Rundgang 6, Alsterwiese Schwanenwik).

Eine weitere Alster-Attraktion sind ihre Schwäne (Abb. 20). Bereits Mitte des 16. Jahrhunderts wurden sie auf Kosten der Stadt Hamburg mit Futter versorgt, und 1644 erließ der Hamburger Rat, dass die »in der Alster sich befindenden Schwäne für zahme und nicht wilde Vögel zu achten seien, dass niemand die Schwäne auf der Alster beleidigen soll«. Wer

20 ALSTERSCHWÄNE, 1894

einen Schwan beleidigte, verletzte oder gar tötete, musste mit einer Strafe rechnen. Heute kümmert sich die »kleinste« Behörde der Stadt um die Tiere. Der Schwanenvater, dessen Amt bereits 1818 eingeführt wurde, ist der einzige Mitarbeiter der heutigen Zentralstelle Schwanenwesen des Bezirksamts Nord.

Wenn wir nun noch die Straße ein Stück in Richtung Innenstadt entlanggehen, passieren wir An der Alster 39 ein besonders erwähnenswertes Haus, denn hier wohnte ein für Hamburg sehr bedeutender Mann: Fritz Schumacher. Er erwarb dieses Wohnhaus 1913 und zog dort mit seinen beiden Schwestern ein. Als Visionär und Oberbaudirektor Hamburgs prägte Schumacher die Stadt vor allem in den 1920er Jahren nachhaltig und passte die moderne Stadtplanung den sozialen Erfordernissen der Zeit an. Ihm haben wir unter anderem die großen Backsteinsiedlungen auf dem Dulsberg, in der Jarrestadt, in Winterhude und die Bebauung in

Barmbek-Nord zu verdanken. Einigen seiner Bauten werden wir auf den folgenden Rundgängen begegnen.

Heute erinnern nur wenige Gebäude an die Idylle der einstigen Flaniermeile. Die Straße An der Alster wurde im 20. Jahrhundert mit größeren Gewerbeeinheiten bebaut, die diesem Abschnitt des Alsterufers den Charakter eines großstädtischen Straßenblocks gaben. Seit 1953 verläuft ein durchgehender, rund 7,4 Kilometer langer Wanderweg um die Außenalster. Die ziemlich laute und stark befahrene Straße stellt heute eine wichtige Verkehrsverbindung zwischen dem Zentrum und dem Hamburger Norden dar.

An dieser Stelle endet unser erster Rundgang. Um zur ersten Station des zweiten Rundgangs zu gelangen, gehen wir die Straße stadtauswärts zurück bis zur Lohmühlenstraße.

ALSTERZENTRUM

Wenn es nach den Plänen der Wohnungsbaugesellschaft »Neue Heimat« gegangen wäre, dann würde es den Stadtteil Sankt Georg, zumindest so, wie wir ihn kennen, heute wohl nicht mehr geben. Nach dem Zweiten Weltkrieg bestanden große Teile Sankt Georgs aus Kriegsbrachen, und die Wohnblöcke, die überwiegend aus der Bebauung des ausgehenden 19. Jahrhunderts stammten und das Inferno von 1943 überstanden hatten, waren zum großen Teil sanierungsbedürftig. Anstelle einer Sanierung des Bestands präsentierten die Mitarbeiter der »Neuen Heimat« nun aber im Juni 1966 im Hamburger Rathaus ein für Europa beispielloses städtebauliches Konzept: das Alsterzentrum.

Dieses Bauvorhaben, das im Volksmund auch »Alster-Manhattan« genannt wurde, war von gigantischen Ausmaßen: In der Form eines Halbkreises war ein sich über 700 Meter erstreckender Basisbau geplant, der zwischen zehn und zwölf Stockwerke hoch sein sollte. Aus diesem Bau hätten dann insgesamt fünf Türme mit einer Höhe zwischen 130 und 200 Metern emporgeragt. In den unteren Etagen waren Gewerbeflächen vorgesehen, und in den oberen bis zu sechzig Stockwerken sollten Wohnungen entstehen. Auf dem Gebiet um dieses Zentrum plante man Erholungszentren und einen Segelboothafen an der Außenalster.

Architekt des Modells, das Wohnraum für insgesamt 20 000 Menschen zu recht moderaten Mietpreisen versprach, war der »Neue Heimat«-Mitarbeiter Hans Konwiarz. Die Baukosten wurden auf etwa zwei Milliarden DM beziffert, die rein privatwirtschaftlich aufgebracht werden sollten. Bezugsfertig, so versprach man, würde das Alsterzentrum bereits 1975 sein.

Der Haken dieses Bauprojektes war, dass man vor seiner Realisierung fast den gesamten Baubestand Sankt Georgs hätte abreißen müssen. Lediglich den Mariendom und den Turm der Dreieinigkeitskirche sowie einige Wohnhäuser am Rande des Viertels hatten die Planer in das Mammutprojekt einbezogen.

Aus heutiger Sicht mag es kaum vorstellbar erscheinen, aber in der Politik, bei den Stadtplanern und in der Presse fand das Alsterzentrum zunächst breite Zustimmung. Und aus der Sicht jener Zeit hatte die Planung innerstädtischer Großprojekte dieser Art auch nachvollziehbare Gründe. Denn aufgrund der zunehmenden Mobilität zogen die meisten Städter nun in die ruhigen und grünen Stadtrandgebiete und fuhren lediglich zum Arbeiten oder zum Einkaufen in die Innenstädte. Das Phänomen der verwaisten Innenstädte war in fast allen deutschen Großstädten der Nachkriegszeit zu beobachten. Hatten in Sankt Georg vor dem Krieg knapp 34 000 Menschen gewohnt, so waren es in den 1960er Jahren nur noch etwa 10 000 (eine Zahl, die sich bis heute nicht signifikant verändert hat). Um die Hamburger aus den Randgebieten wieder in die Innenstadt zu locken, bedurfte es also einiger Anstrengungen, für die die Planung komfortabler und günstiger Wohnungen im Alsterzentrum exemplarisch steht.

Ein Artikel im Nachrichtenmagazin »Spiegel« aus dem Jahr 1966 bringt die Ideologie der unerschrockenen Stadtplanung am Reißbrett auf den Punkt:

»Millionen Erwerbstätige wurden zu Stadtrandnomaden, deren Wohnstätten das Umland der Großstädte verwüsteten. Die einstigen Kristallisationskerne städtischer Kultur zerflos-

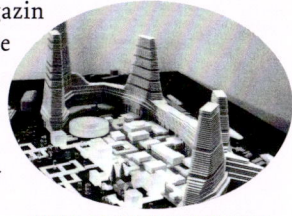

MODELL DES UM 1965 GEPLANTEN ALSTERZENTRUMS

sen zu einem unübersehbaren Siedlungsbrei [...]. Der Vorschlag, im Zentrum der Millionenstadt Hamburg ein ganzes Viertel einzuebnen und an seiner Stelle einen neuen City-Kern aufzutürmen, realisiert eine Erkenntnis, die schon der französische Meister-Architekt Le Corbusier formuliert hatte: Um sich selbst zu retten, muß die Großstadt ihr Zentrum abreißen und neu gestalten.«

Letztlich waren es dann aber die in dem ganzen Prozess ungefragten Bewohner Sankt Georgs, die sich gegen das monströse Bauvorhaben stellten und eine Beteiligung bei der Stadtteilplanung einforderten. Auch die politischen Kräfte im Bezirk Hamburg-Mitte setzten sich schließlich erfolgreich für eine grundlegende Sanierung anstelle eines kompletten Abrisses des Stadtteils ein. Das Schlusswort zu diesem Plan sprach am 5. April 1973 der Erste Bürgermeister Peter Schulz: »Eine Flächensanierung soll und wird es in Sankt Georg nicht geben. Der Plan Alsterzentrum, dieser Albtraum aus Beton, ist weggewischt.«

44

BARS / KNEIPEN / NACHTLEBEN

Bar Hamburg
Rautenbergstraße 6
www.barhh.com
→ *trendige Cocktailbar mit einer großen Auswahl von Zigarren*

Max & Consorten
Spadenteich 1
www.maxundconsorten.de
→ *Traditionskneipe mit warmer Küche*

Zum alten Ritter
Sankt Georgstraße 1
www.zum-alten-ritter.com
→ *urige Gaststätte in historischen Räumen*

CAFÉS / RESTAURANTS

The King of India
Sankt Georgs Kirchhof 1
www.king-of-india.com
→ *gute indische Küche zu moderaten Preisen*

Café Koppel
Koppel 66
www.cafe-koppel.de
→ *gemütliches, vegetarisches Restaurant im Haus des Kunsthandwerks*

Restaurant Kouros
An der Alster 28
www.kouros-restaurant.de
→ *gehobene mediterrane Küche nach griechischer Art*

La Dolce Vita
An der Alster (direkt am Ufer)
→ *Im Sommer gibt es Eis und im Winter Glühwein und Punsch.*

Peaberries Café
Gurlittstraße 46
→ *gemütliche Alternative zu den bekannten Café-Ketten*

Schankwirtschaft Geelhaus
Koppel 76
www.geelhaus.de
→ *alteingesessenes Restaurant mit deutsch-italienischer Küche*

LÄDEN

Fahrradladen St. Georg
Schmilinskystraße 2
www.fahrradladen-st-georg.de
→ *freundlicher und zuverlässiger Fahrradladen mit Werkstatt*

Icon
Schmilinskystraße 20
www.get-icon-ized.de
→ *trendy Mode mit freundlicher Beratung*

Kräuterhaus
Koppel 34
www.kraeuterhaus.net
→ *alles rund ums Wohlfühlen*

Pet Shop Boyz
Schmilinskystraße 15
www.petshopboyz.de
→ *außergewöhnlicher Laden für das*
Haustier

Whiskyraum
Schmilinskystraße 7
www.whiskyraum.de
→ *Geschäft für internationale*
Whiskysfans

HOTELS

Hotel / Pension Alpha
Koppel 4–6
www.alphahotel.biz
→ *ruhiges Hotel an der Dreieinigkeitskirche*

Aussen Alster Hotel
Schmilinskystraße 11
www.aussenalsterhotel.de
→ *gediegenes Hotel an der Alster*

Le Méridien
An der Alster 52
www.lemeridienhamburg.com
→ *eher hochpreisiges Hotel mit Bar im*
Obergeschoss

Novum Hotel Alster
Sankt Georgstraße 10
www.novum-alster-hamburg.
hotel-rn.com
→ *das Hotel in einer der schönsten Straßen*
im Viertel

Hotel Wedina
Gurlittstraße 23
www.hotelwedina.de
→ *kleines Hotel mit Hang zur Literatur*

KULTUR

Formhotel
Sankt Georgs Kirchhof
www.formhotel.de
→ *Atelier für Design und Siebdruck*

Haus für Kunst und Handwerk
Koppel 66
www.koppel66.de
→ *alles rund ums Kunsthandwerk in einer*
ehemaligen Manufaktur

SOZIALES / NON-PROFIT

ADFC Landesverband
Hamburg e.V.
Koppel 34
www.hamburg.adfc.de
→ *Allgemeiner Deutscher Fahrradclub*

Johann-Wilhelm-Rautenberg-
Gesellschaft e.V.
Lange Reihe 29
www.jwrg.de
→ *Beratung für Menschen mit psychischen*
Problemen und deren Angehörige

ZWISCHEN ALSTER UND BERLINER TOR

Lohmühle ★ Bleichwiesen ★ Das Neue Werk ★ Allgemeines Krankenhaus Sankt Georg ★ Lohmühlenpark ★ Das Hochgericht ★ Alte Anatomie/öffentliche Impfanstalt/ZAB ★ Zwischen Lübecker und Berliner Tor ★ Beim Strohhause

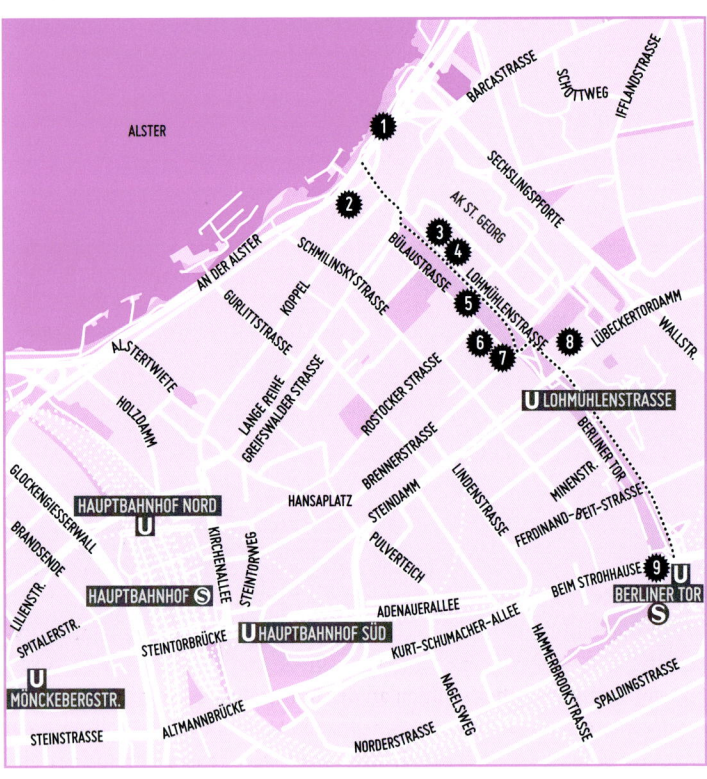

Dieser Spaziergang führt an der nördlichen und einem Teil der östlichen Grenze Sankt Georgs entlang. Auf unserer Tour wird deutlich, welche Rolle Sankt Georg über die Jahrhunderte für die angrenzende Stadt Hamburg spielte, denn die dort unerwünschten, verrufenen oder Gestank verursachenden Einrichtungen wurden immer wieder in dieses Viertel ausgelagert. Diese Praxis änderte sich erst mit der Entfestigung der Wallanlagen Anfang des 19. Jahrhunderts, als man damit begann, angesehene und wichtige Institutionen hier anzusiedeln.

Im Einzelnen werden wir auf der Tour alten Technologien begegnen, mehr über die Einfriedung und Entfestigung des Viertels sowie von schauerlichen Hinrichtungen und betrunkenen Schweinen erfahren, eine Stätte besichtigen, in der für den einen oder anderen Partygast ein kostspieliges Erwachen stattfand – und wir werden versuchen, die beiden nördlichen Stadttore wiederzuerkennen. Außerdem nehmen wir das einst modernste Krankenhaus Europas in Augenschein, lernen den »Dreckskarren« kennen und statten schließlich dem früheren Armenhaus Sankt Georgs einen Besuch ab.

1 LOHMÜHLE

Zwischen den heutigen Straßen Sechslingspforte und Lohmühlenstraße befand sich an der Außenalster von der Mitte des 17. Jahrhunderts an die Lohmühle, auf deren Existenz heute nur noch der Name des Parks und der Straße verweisen (Abb. 1). Ursprünglich stand die Lohmühle inmitten weiterer städtischer Mühlen an der Binnenalster. Da ihr Betrieb aber viel Wasser benötigte und die umliegenden Mühlen, deren Produktionen einen erheblichen Anteil der Stadteinnahmen ausmachten, durch die-

1 LOHMÜHLE IM 18. JAHRHUNDERT

sen hohen Verbrauch häufig unter Wasserengpässen litten, bot man dem Amt der Schuhmacher den alternativen Platz an der Außenalster an. 1642 wurde die Mühle an diesem durch die vorherrschenden Westwinde günstigen Standort errichtet.

Lohmühlen wurden für die Gewinnung von Gerbstoffen in der Lederverarbeitung gebraucht. Dafür benötigte man vornehmlich Eichen- oder Fichtenrinde, die dann zur sogenannten Lohe feingemahlen wurde. Diese Rinden besitzen säurehaltige Stoffe und eignen sich daher hervorragend für die Ledergerbung. Aber man setzte die Lohe auch ein, um Taue, Segel und Fischernetze zu konservieren. Im Mittelalter war sie zudem ein begehrtes Handelsgut. Die Lohmühle an der Außenalster bestand, bis die Stadt Hamburg sie aufkaufte und im Jahr 1856 abriss.

2 BLEICHWIESEN

Unweit und südlich der Lohmühle an der heutigen Schmilinskystraße, die früher Bleichweg hieß, befanden sich die Bleichwiesen. Die damalige

Bleichtechnik benötigte sehr viel Platz, sodass sich dieses Areal weit in den heutigen Lohmühlenpark hineinzog. Weil Sankt Georg damals noch kaum bebaut war, boten sich die Wiesen am mittlerweile begradigten Alsterufer südlich der Lohmühle für die Naturbleiche an. Dabei wurden die störenden Farbanteile durch die Sonneneinstrahlung ausgebleicht, Tücher und Stoffe lagen hier tagelang ausgebreitet auf den Wiesen in Wassernähe, die das zu bleichende Material feuchthielten. Diese Art zu bleichen wendete man bis Ende des 18. Jahrhunderts an. 1785 wurde in Frankreich mit dem Javelwasser ein chemisches Bleichverfahren entwickelt, das schließlich die platzintensive Sonnenbleiche ablöste.

Wir wenden uns nun von der Alster ab und gehen in den Lohmühlenpark.

3 DAS NEUE WERK

1616 – zwei Jahre vor Beginn des Dreißigjährigen Kriegs – begannen die Hamburger, eine neue Wallanlage zum Schutz ihrer Stadt vor potenziellen Angreifern anzulegen. Schon zuvor war die Stadt teilweise mit Wällen und Mauern geschützt worden, die aber den Standards der damaligen Kriegskunst kaum mehr entsprachen.

Die aus Erde aufgeschüttete Anlage, für deren Bau der Holländer Johan van Valckenburgh (1575–1625) die Leitung übernahm, wurde mit insgesamt 22, überwiegend fünfeckigen Bastionen bewehrt, welche allesamt nach Hamburger Ratsherren benannt wurden. Um die Wallanlage wurde ein breiter Graben angelegt, zudem wurden sechs Stadttore in die Befestigungsanlagen integriert. 1625 waren die Bauarbeiten weitestgehend abgeschlossen. An den Verlauf der Wallanlagen erinnert heute noch der Straßenverlauf des Ring 1.

Sankt Georg war zu dieser Zeit ein Teil der von Hamburg verwalteten Landherrenschaft Hamm und Horn, aber nicht Teil des Hamburger Stadtgebiets, sodass nun das massive Bollwerk der Wallanlagen die beiden Orte voneinander trennte. Das Haupttor, durch das Sankt Georg mit

2 VERTEIDIGUNGSANLAGEN UND DAS NEUE WERK ANFANG DES 19. JAHRHUNDERTS

Hamburg verbunden war, war das Steintor (vgl. Rundgang 3, Steintor); geschlossen wurde im Zuge der Arbeiten an den Wallanlagen das Spitaler Tor, das zuvor den Zugang zum Sankt Georg-Hospital von Hamburg aus ermöglicht hatte. Innerhalb der neuen Wallanlagen hingegen lag die Neustadt, deren Einwohner den unteren und mittleren Gesellschaftsschichten angehörten, welche die weitläufigen Grünflächen für die Bewirtschaftung kleiner Nutz- und Lustgärten verwendeten. Außerdem siedelten sich in der Neustadt unter anderem solche Gewerke an, die sehr geruchs- oder platzintensiv bzw. gefährlich waren wie beispielsweise die Bleicher oder die Schießpulverhersteller. Da sich diese Betriebe durch den neuen Verlauf der Wallanlage nun innerhalb der Stadt Hamburg befanden, empfand man ihre Standorte bald als nicht mehr zumutbar, sodass sie sukzessiv nach Sankt Georg und Sankt Pauli ausgelagert wurden. Ein weiterer Grund für Umsiedlungen war der Zustrom etlicher Flüchtlinge, die in Folge der Wirren des Dreißigjährigen Kriegs nach Hamburg kamen und sich zunächst in der Neustadt ansiedelten, weil dort, im Gegensatz zur Hamburger Altstadt, noch reichlich Platz für Neubebauungen vorhanden war. Ein Teil der ärmeren Bevölkerung, aber auch die Nutz- und Lustgärten wurden nun ebenfalls nach Sankt Georg verdrängt (vgl. Rundgang 3, Besenbinderhof).

Durch seine neue Befestigungsanlage war Hamburg bestens geschützt. Anders hingegen das Gebiet Sankt Georgs, das nun schutzlos vor den Toren der Stadt lag. Ändern sollte sich dies erst 1681, als das Neue Werk fertiggestellt wurde, das eine baugleiche Ausweitung der Hamburger Wallanlagen darstellte und auf dem heutigen Gelände des Krankenhauses Sankt Georg bzw. dem Grünstreifen des heutigen Lohmühlenparks verlief (Abb. 2).

Das eingefriedete Sankt Georg erhielt zwei Tore und einen Durchgang für Fußgänger, wobei die beiden Tore jeweils nach der Richtung der Ausfallstraßen benannt wurden, auf die sie führten – das Lübecker und das Berliner Tor. Der Durchgang für Fußgänger befand sich in unmittelbarer Nähe zur Lohmühle, die am Ufer der Außenalster gestanden hatte, und trug den Namen Alsterpforte. Da für die Nutzung ein Wegegeld von einem Sechsling (eine Sechs-Pfennig-Münze, Abb. 3) entrichtet werden musste, wurde dieser Durchgang im Volksmund auch die »Sechslingspforte« genannt. Noch heute heißt die Straße hinter dem Krankenhaus so und geht dann in die Wallstraße über, deren Name auf das ehemalige Neue Werk verweist.

3 SECHSLINGSMÜNZE, 1756

Um die Wende zum 19. Jahrhundert veränderten sich die sicherheitspolitischen Ansichten der handelsorientierten Hamburger, die eine politische Neutralität zwischen den einflussreichen und zerstrittenen Großmächten Europas anstrebten.

Die massiven Wallanlagen, die nun nicht mehr zum Schutz dienten, sondern aufgrund der wenigen und verhältnismäßig schmalen Tore inzwischen auch ein Verkehrshindernis darstellten, wurden abgetragen oder

»entfestigt«, wie man die Rückbauarbeiten nannte. Um dieses kostenintensive Unterfangen zu finanzieren, wurde die Bevölkerung mit einer Entfestigungssteuer belegt. 1826 waren die Rückbauarbeiten um Hamburg und Sankt Georg herum abgeschlossen. Gerade Sankt Georg kamen sie zugute, denn zusätzliches Bauland in Stadtnähe war sehr gefragt. Allerdings behielt man die Tore bei, gestaltete sie aber deutlich breiter und durchlässiger, denn man wollte weder auf die Akziseeinnahmen – in der Regel eine dreiprozentige Abgabe auf den Verkaufswert der ein- und ausgeführten Güter – noch auf die Sperrschillinge aus der ertragreichen Torsperre verzichten. Dies sollte sich erst über dreißig Jahre später ändern (vgl. Exkurs Torsperre).

Bei der nächsten Station wenden wir uns dem an den Lohmühlenpark grenzenden Krankenhaus Sankt Georgs zu, an dessen Stelle sich früher das Neue Werk erstreckte.

 TORSPERRE

Seit dem 19. November 1664 läuteten jeden Abend bei Sonnenuntergang die Glocken von Sankt Jacobi und Sankt Nikolai. Das Geläut rief die Hamburger aber nicht zur Abendmesse zusammen, sondern erinnerte sie daran, dass die sechs Stadttore nun gleich bis zum Morgengrauen schließen würden. Sie nannten diese Regelung »Torschluss«, und wer es bis zum betreffenden Zeitpunkt – Sonnenuntergänge finden ja übers Jahr gesehen nicht immer zur selben Zeit statt – nicht rechtzeitig zu den Toren geschafft hatte, hatte schlichtweg Pech gehabt.

Grund für die Einführung des Torschlusses war, dass die Hamburger den nächtlichen Besuch von Auswärtigen verhindern wollten. Der Torschluss war allerdings schon bei seiner Einführung nicht unumstritten, denn die Hamburger empfanden die Vorschrift nicht nur als Aussperrung unerwünschter Gäste, sondern zugleich als ein nächtliches Eingesperrtwerden. Und auch die unterschiedlichen – und unberechenbaren – Schließzeiten empfanden sie als kaum zumutbar. Um zumindest diesem Teil des Unmuts der Bürger Rechnung zu tragen, wurde 1744 eine »Thor-Tabelle« eingeführt, an der man ablesen konnte, zu welcher Zeit man an welchem Tag die Tore passieren konnte.

Im Laufe der Jahre wuchs die Zahl der Einwohner Hamburgs stetig an, und die Wallanlagen samt Torschluss erwiesen sich als Hemmnis für die Ausweitung der Stadt. In der Folge stiegen die Grundstückspreise und somit auch die Mieten innerhalb des Wallrings, sodass sowohl die ärmeren Hamburger als auch die mittelmäßig begüterten Einwohner der Stadt zunehmend Probleme hatten, für ihre Wohnkosten aufzukommen. Jahrelang wurden zwischen den verschiedenen politischen Institutionen Debatten über die sich ergebende gesellschaftliche Schieflage geführt, bis man sich schließlich darauf einigte, zunächst das Steintor nach Sankt Georg nachts »aufzusperren«. Diese Anordnung trat am 13. September 1798 in Kraft und sollte zunächst für zwei Jahre gelten. Allerdings bestand der Torschluss an den Sankt Georger Toren des Neuen Werks und den übrigen Toren der Hamburger Wallanlagen weiterhin, und die nun eingeführte Torsperre am Steintor bedeutete auch nicht, dass die Menschen das Tor nachts ohne Weiteres passieren konnten. Vielmehr wurde das Steintor bei Sonnenuntergang weiterhin geschlossen, konnte aber gegen die Entrichtung einer Gebühr, des sogenannten Sperrschillings, zumindest bis 23 Uhr passiert werden. Zwei Jahre nach Einführung der Torsperre hatte das Steintor dann bis 24 Uhr geöffnet, ab 1808 führte man die Torsperre auch am Lübecker und Berliner Tor sowie am Millerntor ein, und ab 1814 kamen das Dammtor und das Brooktor hinzu. 1841 wurde die Sperre schließlich für alle Tore auf die ganze Nacht ausgedehnt. Die erweiterte Öffnungszeit brachte sogar einen neuen Geschäftszweig hervor, denn findige Unternehmer fanden schnell einen Weg, aus der Sperre Profit zu schlagen. Für Fuhrwerke nämlich galt ein eigener Pauschaltarif, und so boten ihre Besitzer den Passanten nach der Entrichtung einer Gebühr, die natürlich im Wert unter dem Sperrschilling lag, beidseits der Tore die

Passage mit ihrer Kutsche an. Die Leute stiegen also vor dem jeweiligen Tor in das Gefährt ein und nach der Durchquerung wieder aus.

Der Sperrschilling und die Einnahmen durch die »Akzise« – ein Einfuhrzoll in Höhe von drei Prozent des Warenwertes – erwiesen sich für die Stadtkasse als einträgliches Geschäft, und so hielt man an der Torsperre noch fest, nachdem der Wallring längst abgetragen worden war. Aber auch die Grundstücksbesitzer Hamburgs hatten natürlich ein Interesse an ihrer Aufrechterhaltung, denn durch die Restriktionen der Stadterweiterung war ein stetiger Wertanstieg ihres Grundes innerhalb Hamburgs gesichert.

Letztlich ist es wohl auf den beispiellosen Bevölkerungsanstieg infolge der Industrialisierung zurückzuführen, dass sich die Torsperre irgendwann nicht mehr rechtfertigen ließ. Am Silvestertag 1860 wurden deshalb alle Hamburger Tore für immer geöffnet.

4 ALLGEMEINES KRANKENHAUS SANKT GEORG

Dass dieses Krankenhaus sich hier befindet, lässt sich letztlich Napoleon zuschreiben. Nachdem die Franzosen im Jahre 1814 die Besetzung Hamburgs aufgeben mussten und abzogen, hinterließen sie die Gebiete vor den Wallanlagen in verwüstetem Zustand. Unter anderem brannten sie den 1606 eröffneten und seit 1797 durch Beschluss des Hamburger Rates in »Krankenhof« umbenannten Pesthof ab. Der Krankenhof war bis dahin eine der wichtigsten, wenngleich auch die am meisten gefürchtete Institution der Hamburger Gesundheitsversorgung gewesen und entsprach bei weitem nicht mehr den hygienischen Ansprüchen der Zeit. Ein Zeitzeuge beschrieb die Zustände in dieser Klinik wie folgt: »[...] die Kranken schliefen immer selbander in einem Bett, und wer nach zehn Uhr abends starb, blieb bis zum anderen Morgen bei seinem Bettgenossen liegen; die Nachtstühle standen in den Krankensälen, und zur Reinigung der Luft geschah nichts [...]«

4 HAMBURGISCHES ALLGEMEINES KRANKENHAUS, UM 1830

Um die durch die Zerstörung entstandenen Engpässe in der Hamburger Gesundheitsversorgung zu kompensieren, wurden zunächst improvisierte Krankenhäuser eingerichtet. Als eine der wichtigsten dieser Einrichtungen etablierte sich das Leihhaus an der Lombardsbrücke, aber man war sich schnell einig, dass diese Übergangslösungen kein dauerhafter Zustand sein konnten. Auf der Suche nach Vorbildern schickte man eine Kommission zur Besichtigung in deutsche, englische und französische Krankenanstalten, um »ein möglichst großartiges, alle ähnlichen deutschen Anlagen übertreffendes Werk zu schaffen«.

Initiiert und finanziert wurde das Vorhaben von der Patriotischen Gesellschaft, mit der Planung und der Durchführung des Projekts betraut wurde der Erste Stadtbaumeister Carl Ludwig Wimmel (1786–1845), und als Standort fiel die Wahl auf den abgetragenen Wall an der Lohmühle, eine Wahl, die die Schrift »Hamburg aus naturhistorischer und medizinischer Sicht« nach Fertigstellung der neuen Klinik lobend kommentierte: »Die Wahl des Platzes war eine glückliche gewesen; das Gebäude erhebt sich am Ende der Vorstadt Sankt Georg, auf reinem Sand und Lehmgrund, in einer zweckmäßigen Entfernung von der Stadt, dem Zugange der Winde frei gestellt, in der Nähe eines Flusses und fern von stehenden Gewässern.«

56

Nach längeren Vorbereitungsarbeiten wurde schließlich am 28. Juni 1821 der Grundstein für das »Hamburgische Allgemeine Krankenhaus« gelegt, und nach nur zweijähriger Bauzeit wurde das Krankenhaus am 30. Oktober 1823 eröffnet (Abb. 4).

Mit 1088 Betten, darunter 145 Betten für Nervenkranke, eigenen zu- und abführenden Wasserleitungen, Wasserklosetts, geräumigen und gut zu lüftenden Krankensälen, die maximal zwölf Kranke nebst einem Wärter beherbergten, sowie einer eigenen Kanalisation war hier nicht nur das größte, sondern auch das mit Abstand modernste Krankenhaus Europas entstanden. Ein Novum war zudem die Betriebsleitung der Anlage, denn wenn zuvor die Krankenanstalten oftmals von kirchlichen Trägern geführt wurden, verwaltete nun die Stadt Hamburg die Klinik.

Im Laufe der darauffolgenden Jahre wurde das Krankenhaus immer weiter ausgebaut. So entstanden bis 1875 einige Neu- und Flügelbauten, eine Dampfküche, ein Wirtschaftshaus, eine Wäscherei und ein Isolierhaus für Pockenkranke, sodass das Krankenhaus 2000 Liegestätten für Patienten anbieten konnte (Abb. 6+7). Aber selbst diese Kapazitäten reichten aufgrund des enormen Bevölkerungszuwachses infolge der Industrialisierung bald kaum mehr aus. Eine Entlastung – und zugleich eine Herabstufung ihrer Bedeutung – erlebte die Klinik 1889, als das »Neue Allgemeine Krankenhaus Eppendorf« fertiggestellt und das nunmehr »Alte allgemeine Krankenhaus Sankt Georg« der Klinikleitung in Eppendorf

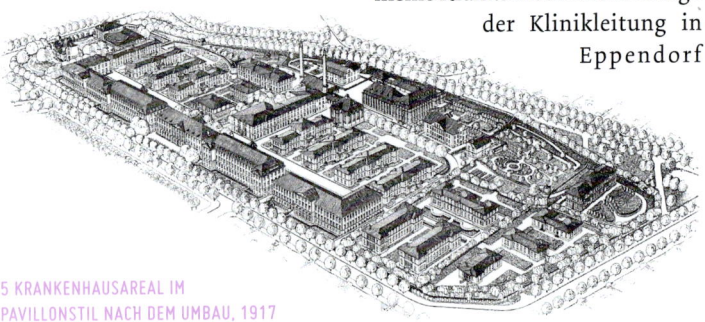

5 KRANKENHAUSAREAL IM PAVILLONSTIL NACH DEM UMBAU, 1917

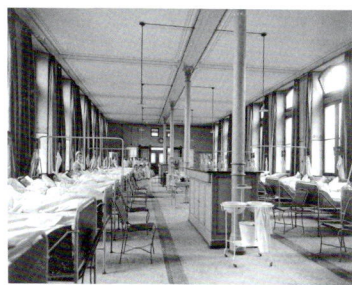

6+7 KRANKENSAAL DES AK SANKT GEORG, 1899, UND AUSSENFASSADE

unterstellt wurde. Ein vormaliger Oberarzt aus Sankt Georg musste sich fortan Hausarzt nennen, und auch die Patientenklientel veränderte sich mit der Zeit. Während man die »Behandlungskranken«, also die akut zu versorgenden Menschen, in Eppendorf behandelte, wurden die »Verpflegungskranken«, also Patienten, die an chronischen Erkrankungen wie Syphilis, »Irrsinn« oder Hautkrankheiten litten, nunmehr in Sankt Georg versorgt.

Eine traurige Höchstauslastung erlebte die Klinik während der großen Choleraepidemie im August 1892, in deren Verlauf in Hamburg während eines ungewöhnlich heißen Sommers nach offiziellen Angaben innerhalb weniger Wochen 8605 Menschen starben und 16 956 Menschen an der Seuche erkrankten. Davon infizierten sich allein in Sankt Georg knapp 1300 Menschen mit der Cholera, etwa 500 Bewohner Sankt Georgs starben. Das Sankt Georgkrankenhaus versuchte der sich ausbreitenden Krankheit mit dem Bau von vier zusätzlichen Holzbaracken zu begegnen, um die rasant wachsende Zahl an Patienten aufnehmen zu können.

Erst 1894 wurde das Sankt Georgkrankenhaus von der Eppendorfer Zentrale wieder getrennt und unter der Leitung des Leipziger Professors Hermann Lenhartz erneut als eigenständiges Krankenhaus geführt. Eine grundlegende Renovierung nach den neuen hygienischen Maßstäben erfolgte einige Jahre später, und das Krankenhaus wurde zu einer Anlage

58

im Pavillonstil umgebaut (Abb. 5). Den Zweiten Weltkrieg überstand das Krankenhaus nahezu unbeschadet, eine weitere einschneidende Baumaßnahme war die Errichtung des neunstöckigen chirurgischen Bettenturms in den 1960er Jahren. Um die Jahrtausendwende fielen schließlich weitere Gebäude des Altbestands der Abrissbirne zum Opfer, und es wurden moderne Neubauten errichtet.

Seit 2007 gehört das Allgemeine Krankenhaus Sankt Georg zur Asklepios-Gruppe und ist mit aktuell 625 Betten, 19 medizinischen Abteilungen und 1500 Mitarbeitern eine der größten Kliniken mit Maximalversorgung in der Stadt. Jährlich werden hier bis zu 75 000 Patienten ambulant oder stationär versorgt.

Wir bleiben im Lohmühlenpark und beschäftigen uns nun mit dem eigentlichen Park.

 **LOHMÜHLENPARK**

Nachdem Sankt Georg Mitte des 19. Jahrhunderts einer kompletten städtebaulichen Neugestaltung unterzogen wurde, war der heutige Lohmühlenpark ein recht dichtbesiedeltes Wohngebiet, dessen Bebauung erst in den Bombennächten von 1943 verloren ging. Lediglich ein Mietshaus aus dieser Zeit ist in der an den Park grenzenden Bülaustraße noch zu sehen.

In seiner heutigen Form ist der Lohmühlenpark noch gar nicht so alt, der Abschnitt von der Langen Reihe bis zum Steindamm wurde den Bewohnern des Stadtteils erst 2001 als Freizeit- und Erholungsfläche zur Verfügung gestellt (Abb. 8). Der zweite Abschnitt des Geländes, vom Steindamm bis zum Berliner Tor, ist derzeit noch in Arbeit.

Vor den Umgestaltungsarbeiten wurde das noch mit Straßen durchzogene Areal auch »Nuttenwiese« genannt, denn der Ort war, neben dem Hansaplatz und dem Steindamm, jahrelang einer der Hotspots der Prostitution und des Drogenhandels bzw. -konsums im Viertel. Vor allem die Beschaffungsprostitution junger Drogenabhängiger hatte hier eine enorme Bedeutung. Die Freier kamen nicht nur von weither in ihren Autos zur »Nut-

8 LOHMÜHLENPARK

tenwiese«, sondern auch etliche der etwa 40 000 Arbeitnehmer, die täglich zur Arbeit in die östlich des Steindamms gelegenen Firmen und Konzernzentralen kommen, nutzten ihre Pausen für schnellen käuflichen Sex.

PROSTITUTION

Wie in fast jeder Stadt findet ein guter Teil der Prostitution auch in Hamburg im Bahnhofsviertel statt. In Sankt Georg hatte sie sich allerdings schon lange vor dem Bau des Hauptbahnhofs angesiedelt, Prostitution gibt es hier bereits seit Jahrhunderten. Ein früher Bericht über käuflichen Sex in Sankt Georg geht etwa auf das Jahr 1745 zurück. Der Rechtsanwalt und Schriftsteller Gustav Gallois beklagte in jener Zeit, dass das einstmals anständige »Armenwitwenhaus zu Sankt Georg« zu einem »Saufhaus und Bordell« geworden sei. Die Kundschaft des

Gewerbes setzte sich dabei überwiegend aus Männern des Hamburger Bürgertums zusammen, ein Umstand, den Gallois als noch skandalträchtiger empfand als die Prostitution selbst.

Eine deutliche Zunahme der Prostitution verzeichnete Sankt Georg infolge des Großen Brandes von 1842. Da Hamburg durch das Flammeninferno ein Drittel seines bebauten Stadtgebietes verloren hatte und knapp 20 000 Menschen ohne Obdach dastanden, wurden in Sankt Georg in großer Zahl sogenannte Hülfswohnungen errichtet (vgl. Rundgang 1, Kattenhof). In einige dieser Hülfswohnungen zogen unter anderem junge Frauen ein, an deren Hilfsbedürftigkeit ein Zeitgenosse allerdings in hüstelndem Ton zweifelte:

»Ist es nun auch die erste Idee, die einem jeden kommen muß, daß diese jungen Damen wirklich Hilfsbedürftige sind, so dürfte einer solchen Supposition [=Unterstellung] doch das in den Weg treten, daß die Toilette derselben durchaus nicht wirkliche Not verrät, wobei freilich nicht zu leugnen ist, daß die klägliche Bedeckung des Halses und Alentours [=hier sind wohl die Schultern gemeint] auf einen bedeutenden Mangel an Kleiderstoff schließen lässt.«

Zu dieser Zeit galt zwischen Sankt Georg und der Stadt Hamburg noch die Torsperre, und derselbe Zeitzeuge vermutete, dass die Stadt sogar ein wirtschaftliches Interesse an der Verlagerung der Prostitution in ein Viertel außerhalb der Stadt habe. Die zahlreichen Freier, die aus Hamburg nach Sankt Georg kamen, suchten nämlich den Schutz der Nacht, um möglichst unerkannt in den vorstädtischen Sündenpfuhl und dann wieder zurück nach Hamburg zu gelangen. Wegen der einträglichen Torsperre mussten sie dafür den Tribut eines Sperrschillings zahlen, der in den Kassen der Stadt landete. Der Zeitzeuge schlussfolgert weiter:

»Dieser Ueberschuß der Sperre, der sich gegen das Verhältnis früherer Jahre [also die Einnahmen aus der Torsperre vor dem Hamburger Brand] leicht herausrechnen muß, würde alsdann unter der Rubrik: Liebesgaben [...] verbuchen, was gewiß für alle Beteiligte sehr erbaulich wäre.«

Die heutige Szene lässt sich nicht mehr so ohne Weiteres verklären, denn die drei im Viertel sehr engagierten, spendenfinanzierten Beratungs- und Anlaufstellen Ragazza e.V., Basis-Projekt e.V. sowie das Café Sperrgebiet erleben in ihrem Arbeitsalltag eine teils dramatische Realität. Während die Prostitution auf Sankt Pauli überwiegend »unternehmerisch« organisiert ist (die Frauen dort also fast alle für einen Zuhälter arbeiten), ist die Szene in Sankt Georg hauptsächlich durch wirtschaftliche Not und Drogenbeschaffung geprägt. Und diese Tatsache spiegelt sich, im Gegensatz zu den reglementierten Verhältnissen auf Sankt Pauli, auch in den mitunter desolaten Preisstrukturen wider.

Treffpunkte der Szene waren seit den 1970er Jahren der Lohmühlenpark, der zu diesen Zeiten im Volksmund auch »Nuttenwiese« genannt wurde, und die Gegend um den Hansaplatz. Frauen jeglichen Alters boten dort rund um den Park und auf den Straßen ihre Dienste an, was zum Ärger der Anwohner auch zu einem höheren Verkehrsaufkommen durch die Freier führte.

Bereits seit 1961 gilt für ganz Sankt Georg die sogenannte Sperrgebietsverordnung, also das Verbot der sichtbaren Straßenprostitution, das aber an vielen Stellen des Stadtteils letztlich gar nicht durchgesetzt wurde. Die Stadt versuchte zwar, mittels der Verkehrsführung den durch die Freier verursachten Autoverkehr und damit das Angebot der Straßenprostitution zu erschweren, indem sie vermehrt Einbahnstraßen, Straßenpolder und Kreisverkehre einrichtete. Die Maßnahmen hatten allerdings nur mäßigen Erfolg.

In Sankt Georg prostituieren sich aber nicht nur Frauen, sondern auch ebenso viele Männer. Die sogenannte Stricherszene, also die männliche Prostitution für Männer, zentrierte sich zunächst eher auf dem Vorplatz des Hauptbahnhofs und hat eine ebenso lange Geschichte wie das Gebäude.

Bereits Anfang des 20. Jahrhunderts kamen etliche junge Männer in die Hansestadt, hauptsächlich um auf den Schiffen im Hafen anzuheuern. Viele von ihnen, die bei ihrer Jobsuche kein Glück hatten, fanden sich schließlich auf dem Strich am Hauptbahnhof wieder. Für eine Mahlzeit, eine Nacht im Warmen oder für Geld gingen sie mit den Freiern mit und erpressten diese anschließend nicht selten mit dem §175, der sexuelle Handlungen zwischen Männern von 1872 bis 1994 (!) als strafbar deklarierte (vgl. Exkurs Schwules Leben in Sankt Georg).

Noch lange hielt sich der Strich vor dem Bahnhof, erst im Zuge des Hamburger Politikwechsels und der Privatisierung des Bahnhofsvorplatzes auf der Ostseite des Bahnhofs zu Beginn des Jahrtausends wurden die männlichen Prostituierten weiter ins Viertel zurückgedrängt, wo sich einige Kneipen und Bars der Szene etabliert hatten. Die kleine Kreuzung zwischen Hansaplatz, Rostocker Straße und Zimmerpforte etwa wurde bis vor knapp zehn Jahren noch »Bermudadreieck« genannt, weil sich hier eine große Zahl solcher Stricherkneipen befand, die zur Kontaktanbahnung zwischen Strichern und Freiern dienten. Erst im Laufe des »Aufwertungsprozesses« verschwand das Bermudadreieck dann langsam, die einschlägigen Bars findet man heute vermehrt in der Rostocker Straße.

War die Szene bis Ende der 1980er Jahre noch von deutschen Frauen und Männern dominiert, so hat sich das Bild inzwischen stark gewandelt. Bei knapp achtzig Prozent der Menschen, die in Sankt Georg der Prostitution nachgehen, handelt es sich um Migranten, hauptsächlich aus Osteuropa. Auch kommt es nunmehr vor, dass mit den Einnahmen aus der Prostitution das Einkommen größerer Familienclans bestritten wird, indem Paare und sogar ganze Familien anschaffen gehen. So berichten etwa MitarbeiterInnen der Beratungsstellen, dass einige Männer ihr Geld in den Stricherbars verdienen, während ihre weiblichen Verwandten und Partnerinnen ihrem Gewerbe auf den Straßen nachgehen.

Da der politische Einfluss der neuen Einwohner stark zugenommen hat und diese sich für rigidere Maßnahmen zur Bekämpfung der Prostitution aussprechen, wurde Anfang des Jahres 2012 die bereits bestehende Sperrgebietsverordnung durch eine Verordnung erweitert, die die Kontaktanbahnung verbietet. Dieses Verbot geht mit der Verhängung von Bußgeldern von bis zu 5000 Euro sowohl für die Prostituierten als auch für die Freier einher und wurde bei seiner Einführung vom Senat mit dem »Schutz Unbeteiligter vor aufdringlichem Ansprechen und Belästigungen« sowie mit der »Reduzierung des Lärms« begründet. Tatsächlich aber ist dieses Kontaktanbahnungsverbot auch ein einträgliches Geschäft für die öffentlichen Kassen. Laut Recherche einer bekannten Hamburger Tageszeitung kamen so bereits in den ersten fünf Monaten knapp 20 000 Euro an Bußgeldern zusammen. Wollte man einen historischen Vergleich bemühen, so könnte man darin durchaus eine gewisse Parallele zwischen den öffentlichen Einnahmen zu Zeiten der Torsperre und der heutigen Situation sehen.

Auch wenn manche Einwohner und einige Bezirks- und StadtpolitikerInnen die Szene mit diesen Maßnahmen komplett aus Sankt Georg verdrängen wollen, haben sie damit bislang eher erreicht, dass sich das Gewerbe unsichtbar macht. Eine Mitarbeiterin des Café Sperrgebiet erklärt etwa, dass sich die Frauen nun vermehrt in den Foyers der zahlreichen Stundenhotels, in den Bars und an anderen Orten vor den Fahndern verstecken, was zwar die Bedingungen des Geldverdienens erschwert, aber die Anzahl der Frauen nicht signifikant verändert habe.

Für die Beratungseinrichtungen im Stadtteil ergeben sich damit neue Probleme. Denn weil sich die Prostituierten und Stricher nun aus Angst vor hohen Strafen verstecken bzw. in andere Gegenden ausweichen, haben die MitarbeiterInnen der sozialen Einrichtungen immer größere Schwierigkeiten, ihre Klientel zu erreichen und zu beraten. Man sollte sich deshalb vielleicht einmal die Frage stellen, wem mit diesen Maßnahmen tatsächlich geholfen wird.

6 DAS HOCHGERICHT

Der heute fast idyllisch anmutende Lohmühlenpark birgt aber noch deutlich mehr Historie, denn im Mittelalter bot das Gebiet am nördlichen Rand Sankt Georgs einen optimalen Platz für Aktivitäten und Gewerke, die andernorts nur ungern gesehen oder gar nicht geduldet waren. Eine der düstersten Einrichtungen dieser Art war das sogenannte Hochgericht, das nichts anderes war als die Hinrichtungsstätte Hamburgs. Bis 1554 hatte Hamburg keinen festen Richtplatz, und so entschied man sich, hier auf dem Köppel- oder auch Hurrelberg einen Galgen zu errichten. Der Berg mit der Form eines abgeflachten Kegels und umgeben von einem mittels einer Zugbrücke zu überquerenden Wassergraben befand sich zwischen der Brennerstraße und der heutigen Rostocker Straße (früher Brunnenstraße). Auf ihm errichteten die Hamburger zunächst einen dreibeinigen hölzernen Galgen, den sie elf Jahre später durch eine gemauerte Hinrichtungsstätte ersetzten.

Natürlich wurde in Hamburg nicht willkürlich hingerichtet, sondern die mit dem Tod bestraften »peinlichen Sachen, Injurien und anderen zugefügte Schäden« wurden in dem vom 15. bis 18. Jahrhundert geltenden Werk »Der Stadt Hamburg Statuten und Gerichtsordnung« genau festgelegt. Wer sich der Straftatbestände der Zauberei, des Verrats, des Kirchenraubs und der Mordbrennerei, des Seeraubs, Mordes oder Straßenraubs, des Totschlags, der Bigamie sowie verschiedener anderer Diebstahlsdelikte schuldig gemacht hatte, wurde vom Hamburger Niedergericht zum Tode verurteilt. Die sich anschließende Vollstreckung folgte einem fast feierlich anmutenden Ritual. Die Verurteilten wurden zunächst dem Scharfrichter übergeben und dann in einer Art Prozession vom Gefängnis, der sogenannten Frohnerei am Berg (heute Bergstraße / Höhe Sankt Petri-Kirche), durch die Stadt zum Steintor geführt. Eine Hinrichtung sorgte nahezu für Volksfeststimmung, denn der Verurteilte, auch als »armer Sünder« bezeichnet, wurde von begeisterten Menschenmassen begleitet, vor denen er (oder auch sie) durch eine Eskorte aus einem Gerichtsdiener, der Polizei, den »reitenden Dienern« des Hamburger Rats und einem Militärkommando geschützt war.

Zur Beruhigung bekamen die Verurteilten auf ihrem letzten Weg starken Wein zu trinken. Konnte ein Verurteilter nicht mehr auf eigenen Füßen zum Köppelberg gehen, dann wurde er in dem sogenannten Armesünderkarren gefahren. Vom Steintor aus ging es dann über den Steindamm, der im Volksmund auch der »Armesünderdamm« genannt wurde, weiter zum Hochgericht am Köppelberg. Dort soll das Gedränge oft so gewaltig gewesen sein, dass die Schaulustigen sich gar selbst in Lebensgefahr begaben. 1720 beschloss daher der Hamburger Rat, dass auch die Zuschauer der Spektakel besser geschützt werden müssten. Kurioserweise wurde, je nach dem Bekanntheitsgrad des Hinzurichtenden, auch Eintrittsgeld für die martialische Justizveranstaltung verlangt.

Ebenfalls seines Lebens nicht sicher war bei diesem Spektakel auch der ausführende Henker. Zwar führten die Hinrichtungen, die entweder durch Erhängen, Enthaupten oder Rädern erfolgten, zumeist zum sicheren Tod des Delinquenten. Misslang aber dem Henker eine Hinrichtung, dann wurde er für vogelfrei erklärt und sah sich der mörderischen Volkswut ausgesetzt.

Die Leichen wurden nach erfolgter Hinrichtung nicht gleich verscharrt, sondern blieben zur Abschreckung oft tage- oder gar wochenlang am Galgen hängen. Der Platz bot deshalb nicht nur häufig einen schauerlichen Anblick, sondern muss wegen der einsetzenden Verwesung auch bestialisch gestunken haben.

Neueren Forschungen zufolge sollen an dieser Stelle zwischen 1444 und 1642 auch bis zu fünfzig Frauen wegen »Hexerei« verbrannt worden sein. Gemäß den Stadtrechtsverfassungen von 1270, 1301 und 1497 wurde nach dem Hamburger Stadtrecht die Verbrennungsstrafe für »diejenigen Christen, welche von Gott abgefallen waren, mit Zauberei oder Gift umgingen und dabei ergriffen wurden«, verhängt.

Erst 1806, als die Bevölkerung Sankt Georgs das nötige Selbstbewusstsein gegen die Obrigkeit aufbrachte, verbannte sie den Galgen aus ihrem Viertel vor das Lübecker Tor nach Borgfelde.

Der Beruf des Henkers war eine äußerst undankbare Tätigkeit, galt seine Arbeit einer bis zum Ende des 18. Jahrhunderts geltenden Unterscheidung in »ehrliche« und »unehrliche« Gewerbe zufolge doch als »unehrlich«. »Unehrliche« Berufe waren neben dem des Henkers unter anderem auch jene des Totengräbers, des Schäfers und des Webers. Die Angehörigen dieser verachteten Berufsstände hatten kaum Rechte, konnten ohne Vormund vor keinem Gericht aussagen und durften sich keiner Zunft anschließen. Der niedrige gesellschaftliche Stand des »Unehrlichen« wurde darüber hinaus bis auf die Enkelkinder vererbt.

Aufgrund ihres schlechten Verdienstes verdingten sich die Henker in Sankt Georg auch als Abdecker. Die Abdeckerei, der sogenannte Schinderhof, verwertete bzw. entsorgte tote Tiere und befand sich in unmittelbarer Nähe zum Köppelberg, das heißt auf dem Gelände des heutigen Lohmühlenparks. Der Henker und Abdecker hatte dort auch sein Wohnhaus, an dessen wandähnlichen Bretterzäunen die abgezogenen Tierfelle zum Trocknen aufgehängt wurden. Aber damit war es der geruchsintensiven Aktivitäten an diesem Ort noch nicht genug. Unweit des Köppelbergs und des Schinderhofs, wo sich auch eine Branntweinbrennerei befand, baute man Schweineställe bzw. »Schweinekoven«. Waren die Schweine zuvor noch im Hamburger Stadtgebiet gezüchtet und gehalten worden, so stieg dort immer mehr der Unmut über den Gestank. Außerdem wurden die Fleete der Stadt zunehmend durch die Hinterlassenschaften der Schweine und den bei der Zucht anfallenden Unrat verstopft. 1563 siedelte man deshalb die Schweinezüchter zunächst vor das Steintor um, aber auch dort waren die Ausdünstungen der Tiere für die Hamburger unzumutbar, sodass man sie schließlich 1577 ebenfalls an diesen Ort verlegte. Für die Schweine begann nun allerdings ein lustiges Leben, ein Zeitzeuge beschrieb 1810 die Schweinekoven als das »Paradies für Schweine, die von den hier wohnenden Branntweinbrennern mit den Hefen des Branntweins [...] gemästet und gepflegt« wurden.

In dem nach neuen landschaftsgärtnerischen Konzepten und thematisch aufgeteilten Lohmühlenpark erinnert heute nichts mehr an die schauerliche Historie und die Gestank verursachenden Nutzungen des Geländes. Heute kann man hier Beachvolleyball und andere Ballsportarten spielen, von dem hölzernen Baumhaus aus bei Kaffee und Kuchen den Kindern beim Klettern auf dem Spielplatz zuschauen, grillen oder seinen Hund ausführen.

Wir gehen nun den Park weiter entlang und an dem weißen, in der wilhelminischen Epoche errichteten Gebäude in der Brennerstraße vorbei, das heute die Stadtteilschule Hamburg-Mitte beherbergt.

7 ALTE ANATOMIE / ÖFFENTLICHE IMPFANSTALT / ZAB

Das Gebäude an der Ecke Brennerstraße / Am Lohmühlenpark steht teilweise auf dem Gelände des ehemaligen Köppelbergs. Das Gebäude, das wir hier vor uns haben, ist erst die Zweitbebauung. 1860 / 61 wurden darin unter Leitung von Franz Gustav Joachim Forsmann (1795–1878) die Räumlichkeiten der Alten Anatomie errichtet, in denen die gerichtlich angeordneten Sektionen stattfanden. Neben einem Präpariersaal verfügte das Gebäude auch über einen Vorlesungs- und Prüfungsraum für »Heildiener« sowie ein Auditorium, im Keller befand sich neben der Leichenkammer die öffentliche Desinfektionsanstalt. Als in Sankt Pauli das Hafenkrankenhaus neu gebaut wurde, wurde die Anatomie dorthin verlegt, und im Jahr 1900 wurde das noch junge Gebäude wieder abgerissen.

Ausgehend von einer Pockenepidemie im Jahre 1872 und aufgrund der infolge des rasanten Bevölkerungszuwachses ganz allgemein mangelhaften hygienischen Infrastruktur wurde im selben Jahr in Hamburg eine Staatliche Impfanstalt eingerichtet. Die Einrichtung bezog zunächst ein Gebäude am Pferdemarkt (dem heutigen Gerhart-Hauptmann-Platz), aber schon bald reichten die dortigen Kapazitäten nicht mehr aus, und so wurde 1901 / 02 auf dem Grundstück der ehemaligen Anatomie eine neue und größere Staatsimpfanstalt gebaut, an die heute ein über dem Haupteingang angebrachtes Schild erinnert. Das Gebäude wurde unter der Leitung des Baudirektors Carl Johann Christian Zimmermann (1831–1911) zunächst nur eingeschossig errichtet. Neben einem Ärztezimmer und einem Nachsorgesaal konnten hier die »Impfbureaus« der Polizeibehörde untergebracht werden, doch schon bald wurde der Platz wieder knapp, und so wurde das Gebäude 1913 aufgestockt (Abb. 9).

9 STAATLICHE IMPFANSTALT, 1902

1965 wurde die alte Impfanstalt grundlegend renoviert, und das »Hygienische Institut für Virologie, Serologie und Arzneimittel« zog ein. 1984 – nach einer weiteren Renovierung – fand hier neben verschiedenen sozialen Beratungsstellen schließlich die ZAB, die Zentralambulanz für Betrunkene, ihren Platz. Diese Einrichtung arbeitete eng mit der Hamburger Berufsfeuerwehr zusammen und war ein deutschlandweit einmaliges Projekt.

Wurde irgendwo zwischen sieben Uhr abends und sechs Uhr morgens im Hamburger Stadtgebiet ein Betrunkener aufgefunden, der kaum bis gar nicht mehr ansprechbar war und dessen Zustand als fremd- oder selbstgefährdend eingestuft wurde, so wurde dieser zunächst mit der Feuerwehr ins Krankenhaus und anschließend zur Ausnüchterung in die ZAB gebracht. Für die besonders renitenten Gäste standen vier Einzelzellen zur Verfügung, volltrunkene Personen ohne Gewaltneigung konnten ihren Rausch auf Matratzen in den sogenannten Liegesälen ausschlafen. Im Schnitt kümmerten sich vier Rettungsassistenten um die Betrunkenen, in medizinischen Notfällen hatte es ein Ärzte- und Pflegeteam des AK Sankt Georg nicht weit in die ZAB. Knapp 2000 Patienten, vom Berber über den Familienvater bis zur Vorstandssekretärin, nahm die ZAB jährlich auf. Allerdings überwog die Zahl der männlichen Besucher mit knapp neunzig Prozent deutlich. Und mit klarem Kopf hätten sich viele von ihnen wohl ins nächste Taxi gesetzt, um sich zur Ausnüchterung ins Hotel Atlantic fahren zu lassen, denn der Aufenthalt dort ist nicht nur bequemer, sondern kostete auch weniger. Im Schnitt schlug eine Nacht in der ZAB mit knapp 300 Euro zu Buche, die die Patienten nach der Ausnüchterung selbst zu zahlen hatten. 2004 verließ die ZAB das Gebäude und zog in die Neustadt. 2008 baute die Baugemeinschaft »Brennerei – Wohnen mit Kindern« das Gebäude für ihre Zwecke komplett um, und es entstanden zwanzig neue Wohneinheiten.

Die Brennerstraße ist eine der ältesten Straßen Sankt Georgs und verband einst den Köppelberg mit dem Borgesch (vgl. Exkurs Borgesch). Der Name der Straße geht auf eine Ziegelei zurück, die 1629 an dieser Stelle in Betrieb genommen wurde, allerdings schon bald wieder geschlossen wurde, da das Material, das man hier für die Ziegelbrennerei vorfand, sich als untauglich erwies. Ab 1859 wurde die Brennerstraße bebaut und unweit der ehemaligen Staatlichen Impfanstalt 1873 das Pauline-Mariannen-Stift eingeweiht, das sich heute unter anderem um demenzkranke Menschen kümmert.

Wir verlassen nun diesen Teil des Lohmühlenparks und gehen das kleine Stück der Brennerstraße hinauf in Richtung Krankenhaus, wo wir rechts in die Lohmühlenstraße einbiegen. Dort stoßen wir auf den heute sehr verkehrsreichen Lübeckertordamm.

BORGESCH

Bevor Sankt Georg in der zweiten Hälfte des 19. Jahrhunderts zu einem dichtbesiedelten Wohngebiet großflächig ausgebaut wurde, befand sich in seinem südlichen Teil zwischen der Außenalster und der heutigen Stadtteilgrenze zum Hammerbrook der sogenannte Borgesch – als »Esch« bezeichnete man früher eine Gemeinweide, die von der Allgemeinheit für die unterschiedlichsten Zwecke wie zum Beispiel das Weiden des Viehs, genutzt werden konnte. In einer Stadtrechnung von 1361 wurde der Sankt Georger Borgesch das erste Mal urkundlich erwähnt.

Im 15. Jahrhundert ordnete der Rat der Stadt Hamburg den einzelnen Gewerbegruppen die verschiedenen Gemeinschaftsflächen in und um Hamburg zu, für den Borgesch sah er die Ausübung des Gewerkes der Hauszimmerer vor, die hier ihre platzintensiven Gerätschaften und Hölzer lagern konnten. Bei der bloßen Nutzung für gewerbliche Zwecke beließen es die Zimmerleute freilich nicht und begannen nach und nach damit, auf dem Borgesch auch Gärten anzulegen und kleine Häuser zu bauen. Diese Entwicklung rief nun den Rat auf den Plan, der für die erweiterte Nutzung eine Pacht einforderte. So heißt es in einem vertraglichen Vergleich zwischen der Kämmerei und dem Amt der Zimmerleute von 1738, »daß solange E.E. und Hochweiser Rath und Erbgesessene Bürgerschaft mit dem Borgesch keine andere Verfügung machen wird, und dem löblichen Amt der Zimmerleute zu Hinlegung ihres Holzes und Gerethschaften kein anderer Platz wird angewiesen werden, dieselbe für die obgedachte Gärten- und Lusthäuser-Plätze, die in ihren privat Contracten beschriebene jährliche Hauer bezahlen sollen und wollen«.

Die Gärten und die in ihnen errichteten Lauben waren damit zunächst einmal legalisiert. Allerdings sollte der Frieden nicht lange dauern, denn die berufsbedingte Bauwut der Zimmerleute sorgte für zahlreiche weitere sogenannte Lusthäuser, und im Laufe der Zeit wurden auch feste Wohnhäuser errichtet. Bis etwa 1805 siedelten und arbeiteten hier tatsächlich überwiegend die Meister des Amtes der Hauszimmerer samt ihren Gesellen, Mitarbeitern und der Dienerschaft, ein zeitgenössischer Beobachter beschreibt den Platz als ein mehr oder weniger idyllisches Gemisch von Schuppen, Baumgruppen, Balkenhaufen, Grasplätzen und altertümlich anmutenden Wohnhäusern mit Gärten. Ein Zustandsbericht von 1868, als Sankt Georg offizi-

ell als Stadtteil in die Stadt Hamburg eingemeindet wurde, kommt dann allerdings
zu der Erkenntnis, dass der Borgesch
immer mehr zweckentfremdet werde:

BORGESCH, 1873

»Anstatt der zum Schutz gegen
die Witterung dienenden und von der
Kammer zugelassenen Gartenhäuschen
weist das Addreßbuch jetzt 61 zum Theil
stattliche Wohnhäuser nach, und in wel-
chem Umfange der Borgesch in dieser Beziehung seiner früheren allein
rechtmäßigen Bestimmung entfremdet ist, das mögen einige Notizen
aus der dem Ausschusse vom statistischen Bureau der Steuer-Deputa-
tion ertheilten officiellen Zusammenstellung lehren.

Die Zahl der den Borgesch bewohnenden Personen beträgt nach der
letzten Zählung 416 (211 männliche, 205 weibliche); die Zahl der Haus-
haltungen im ganzen 78, darunter dem Zimmeramt angehörend nur 18
oder 23 Prozent, mit 95 Individuen oder 22,8 Prozent der Gesammtzahl.
Unter den Uebrigen 321 sind die meisten Gewerbe und Berufsarten des
städtischen Lebens vertreten, denn es befinden sich darunter: Agenten,
Arbeitsmänner, Baupolizei-Beamte, Boten, Braumeister, Buchhalter,
Feuerungshelfer, Gastwirthe, Gewürzhändler, Hausmakler, Ingenieure, Kaufmann, Klempner, Lagermeister, Lehrerin, Makler, Maurer-
meister, Mühlensteinfabrikant, Näherin, Packmeister, Particuliers,
Pferdehändler, Pianoforte-Fabrikant, Quartiersmann, Sattlermeister,
Schneiderin, Schreiber an der Feuerkasse, Schmied, Senatskanzlist,
Steinkohlehändler, Stellmacher ...« Und viele mehr.

Die unterschiedlichen Berufe der Anwohner des Borgesch spiegeln
die zu dieser Zeit bereits recht weit fortgeschrittenen Verstädterungs-
tendenzen Sankt Georgs wider (vgl. Rundgang 4, Lange Reihe). Auch
wurde der Platz nicht mehr nur von den im Bericht erwähnten knapp
23 Prozent ansässigen Zimmerleuten zum Sägen und Lagern genutzt,

sondern es wurden dort nun auch Asphalt und Bierfässer hergestellt, Auktionen abgehalten, Textilien in einer Küperei gefärbt, Brennstoffe sowie Pfannen und Kalk gelagert, verschiedene Lacke verarbeitet und einiges mehr.

Dem Vergleich von 1738 war damit die Grundlage entzogen, und der Hamburger Rat befand, dass der Borgesch in diesem Zustand eine »chaotische und in einer unleidlichen Weise zerrissene Fläche« darstelle. Angesichts ihres offiziellen Rechtzustands einer Gemeindewiese herrsche hier geradezu ein Zustand der »partiellen Anarchie samt ihrer Ungebühr gegen die Herrschaft von Ordnung und Gerechtigkeit im öffentlichen Leben«. Dem bunten und ungeordneten Treiben musste folglich ein Riegel vorgeschoben werden, und die Obrigkeit der Stadt Hamburg handelte prompt. Im April 1873 machten Senat und Bürgerschaft den Anwohnern des Borgesch offiziell bekannt, dass sie den Platz mit ihrem gesamten Hab und Gut binnen sechs Monaten zu räumen hätten. Den Zimmerleuten, denen sie immer noch vertraglich verbunden war, sicherte die Stadt nach einigen Verhandlungen eine Ausweichfläche in dem sich allmählich urbanisierenden Hammerbrook zu. Die übrigen Anwohner, die versuchten, eine Entschädigung oder einen Fristaufschub auszuhandeln, gingen dagegen leer aus.

Heute erinnern nur noch einige Straßennamen an die über 500 Jahre währende Geschichte des Borgesch. So geht vom Hansaplatz etwa die Zimmerpforte ab; die Baumeisterstraße, von der die Straße Borgesch abzweigt, wurde hingegen nach einem Herrn dieses Namens benannt.

8 ZWISCHEN LÜBECKER UND BERLINER TOR

An dem kleinen Straßenabschnitt, der den Steindamm mit der Bundesstraße 75 nach Lübeck verbindet, befand sich bis ins 19. Jahrhundert hinein das Lübecker Tor, das vor der Entfestigung des Neuen Werks aus

10 LÜBECKER TOR, 1825

einer schmalen Durchfahrt durch die Wallanlage bestand. Nach 1820 wurde dieses Tor beibehalten und für den zunehmenden Verkehr deutlich breiter gestaltet (Abb. 10), denn aufgrund der engen wirtschaftlichen und kulturellen Verbindung der Städte Hamburg und Lübeck wurde das Tor stark in Anspruch genommen.

Das Backsteingebäude, das etwas verloren am Ende des Lübeckertordamms zwischen den modernen Hochhäusern steht (Abb. 11), beherbergt die Berufliche Schule Am Lämmermarkt, ein Institut für Außenhandel und ein Wirtschaftsgymnasium. Es wurde 1920 unter der Leitung Fritz Schumachers als Berufsschule für kaufmännische Lehrlinge erbaut, einer der berühmtesten Absolventen des Gymnasiums ist der ehemalige Bundesminister, Ministerpräsident und Kanzlerkandidat Peer Steinbrück, der hier bis 1968 die Schulbank drückte.

Wir verlassen nun diesen lauten Ort, überqueren den Lübeckertordamm und folgen der Straße Berliner Tor. Der Grünstreifen, der rechts zu sehen ist, ist der zweite Abschnitt des Lohmühlenparks, der wie der erste Teil des Parks zu einem kleinen Erholungsgebiet umgestaltet wird. Auf der Höhe der rechts einmündenden Minenstraße verweilen wir kurz, denn hier befand sich der sogenannte »Gassenkummerhaufen«. Gassen-

11 LÜBECKERTORDAMM HEUTE

kummer ist eine mittelalterliche Bezeichnung für den Müll und Unrat, der sich auf den Straßen der Stadt sammelte. Wann die Müllhalde hier eingerichtet wurde, ist unbekannt, aber es lässt sich vermuten, dass die Deponie etwa zur gleichen Zeit wie das Hochgericht angesiedelt wurde. Der Transport des Mülls war zwischen 1609 und 1620 Aufgabe von Gefangenen. Die Verurteilten mussten sich tagsüber vor den »Dreckskarren« spannen lassen, sammelten in der Stadt den Müll ein und brachten ihn anschließend zum Gassenkummerhaufen (Abb. 12). Ab 1620 wurde die Müllabfuhr privatisiert, und die Gefangenen wurden von ihrer Aufgabe entbunden. Dies geschah allerdings zum Leidwesen der Hamburger, denn diese mussten nun eine Gebühr, das sogenannte »Dreckskarrengeld«, für den Abtransport ihres Mülls entrichten. 1807 verschwand die zentrale Müllhalde Hamburgs aus Sankt Georg.

Wir gehen nun die Straße weiter hinauf bis zur U/S-Bahn-Station Berliner Tor. Die Brücke, die wir auf der linken Seite sehen, heißt Berlinertordamm und erinnert an das zweite Tor des Neuen Werks (Abb. 13). Früher wie heute ist die Straße die Ausfallstraße nach Berlin. An dieser Stelle verläuft die nordöstliche Grenze des Stadtteils Sankt Georg.

12 DRECKSKARREN, 1609

13 BERLINER TOR MITTE DES 19. JAHRHUNDERTS

9 BEIM STROHHAUSE

Die stadteinwärts führende Straße heißt Beim Strohhause, ihr Name erinnert an das ehemalige Heu- und Strohmagazin der Reiterei Hamburgs. Diese Einrichtung ist mit einer heutigen Autobahnraststätte vergleichbar, die Pferde der Fuhrwagen konnten hier rasten und wurden mit Wasser und frischem Heu bzw. Stroh versorgt.

Um das Magazin siedelten sich im Laufe der Zeit die Ärmsten der Armen an – Tagelöhner, Bettler, Schwefelhölzerverkäufer, Steinhauer und Nachtwächter. Offiziell hieß das Viertel das »Schumannsche Quartier« und erstreckte sich von der Straße Beim Strohhause bis zur heutigen Ferdinand-Beit-Straße. Aufgrund der verschachtelten Bauweise wurde das Quartier, in dem knapp eintausend Menschen zuhause waren und das als die verrufenste Gegend Sankt Georgs galt, bald »Klein Jerusalem« genannt (Abb. 14). Die Zustände hier müssen elend gewesen sein, und so gründete der Pastor der Dreieinigkeitskirche, Johann Wilhelm Rautenberg, im Jahre 1825 in der heutigen Greifswalder Straße (früher Mittelstraße) die »Sankt

14 ARMENVIERTEL ZWISCHEN STEINDAMM UND BEIM STROHHAUSE, 19. JAHRHUNDERT

Georger Sonntagsschule«, in der er den Kindern des Viertels zumindest ein Mindestmaß an Bildung angedeihen lassen wollte. Ein prominenter Leiter dieser Schule wurde 1832 Johann Hinrich Wichern (1808–1881), der als Begründer des Rauhen Hauses und christlicher Sozialreformer über die Grenzen Hamburgs bekannt wurde (vgl. Rundgang 6, Hammer Park). Die Schule war zudem Vorläufer bei der Einrichtung eines Straßensozialdienstes, des sogenannten »Besuchsvereins«, dessen Mitarbeiter regelmäßig in das Viertel gingen, um die Kinder an die Schule und die Fürsorge zu binden. In einer Rede verdeutlichte Rautenberg die Dringlichkeit dieser damals neuen Art der Sozialarbeit: »Was hindert uns, hineinzugehen in die Hütten des Unheils, an welche wir hier gedenken, den Jammer mit eigenen Augen anzusehen und die armen Leute zu bitten und zu ermahnen, dass sie sich selbst, dass sie mindestens doch ihrer unglücklichen Kinder retten lassen aus den Stricken des Todes.«

Heute erinnert hier nichts mehr an das Armenviertel. Auf dem Areal »Klein Jerusalems« steht nun das Berliner Tor-Center, ein Bürokomplex, der 2004 um das Hochhaus des ehemaligen und heute denkmalgeschützten Hamburger Polizeipräsidiums (erbaut von 1958 bis 1962, Abb. 16) herum errichtet wurde, sowie der Verwaltungskomplex der Siemens AG.

Die Straße Beim Strohhause (Abb. 15) geht auf Höhe der Agentur für Arbeit, deren Gebäude 1950 errichtet wurde und die seinerzeit das größte Arbeitsamt Deutschlands war, in die Kurt-Schumacher-Allee, vormals Altmannstraße, über, wo 1881 die Altonaer Pferdeeisenbahn erstmals eine Endstation in Sankt Georg einrichtete. Benannt nach dem Parteivorsitzenden der Sozialdemokraten und dem großen politischen Gegenspieler von Konrad Adenauer, haben die beiden Gründerväter der Bundesrepublik wenigstens hier harmonisch zueinander gefunden, denn die Parallelstraße, die ehemalige Große Allee, heißt heute Adenauerallee.

An dieser Stelle endet unser zweiter Rundgang. Der dritte Spaziergang beginnt unweit von hier in der Straße Besenbinderhof.

15+16 BEIM STROHHAUSE HEUTE UND POLIZEIHOCHHAUS IM BAU, ENDE DER 1950ER JAHRE

BARS / KNEIPEN / NACHTLEBEN

Park-Bistro Scherer
Lübeckertordamm 4
→ *bei Studierenden beliebtes kleines Café*

Persische Seidenstraße
Beim Strohhause 14
→ *Leckeres und Süßes aus dem Orient*

Treff bei Thassos
Beim Strohhause 14
→ *urige Kneipe mit einem griechischen Wirt*

V14rzehn
Kurt-Schumacher-Allee 14
www.bar14.de
→ *trendige Bar*

CAFÉS / RESTAURANTS

Baumhaus Café Oase
Bülaustraße 20
→ *gemütliches Café mit Biergarten im Lohmühlenpark*

Essraum Restaurant
Kurt-Schumacher-Allee 14
www.essraum-restaurant.de
→ *internationale Küche in modernem Ambiente*

Fräulein Fritz
Lindenstraße 21
→ *empfehlenswertes Mittagsrestaurant*

Le Restaurant
Lübeckertordamm 2
www.le-restaurant.de
→ *asiatisches Restaurant mit Lieferservice*

Mensa HAW Berliner Tor
Berliner Tor 7
www.studierendenwerk-hamburg.de
→ *gutes Mensaessen zu günstigen Preisen*

Safran Restaurant
Berlinertordamm 4
www.safranhamburg.de
→ *Restaurant mit persischen Spezialitäten*

LÄDEN

Buchhandlung Braune
Beim Strohhause 16
→ *kleine, freundliche Buchhandlung*

Feinkost Läufer
Lange Reihe 115–117
www.feinkost-läufer.de
→ *alteingesessener Feinkostladen*

Pink
Stiftstraße 22
www.pink-hamburg.de
→ *Feinkost aus Kroatien, Serbien und Bosnien*

Policke Herrenkleidung
Böckmannstraße 1a
www.policke1.p2-men.de
→ *der wohl traditionellste Herrenausstatter Hamburgs*

Vinh-Thanh-Supermarkt
Beim Strohhause 26–28
→ *gutsortierter asiatischer Supermarkt*

HOTELS

Hotel Le Boutique
Brennerstraße 72
www.centro-hotels.de
→ *Touristenhotel in ruhiger Lage*

The George
Barcastraße 3
www.thegeorge-hotel.de
→ *modernes Hotel mit britischem Flair und Dachterrasse im Sommer*

Junges Hotel Hamburg
Kurt-Schumacher-Allee 14
www.jungeshotel.de
→ *trendiges Hotel in modernem Design*

Motel One Hamburg-Alster
Steindamm 96
www.motel-one.com
→ *modernes Hotel mit einem atemberaubenden Ausblick aus dem 19. Stockwerk*

Suite Novotel Hamburg City
Lübeckertordamm 2
www.suitenovotel.com
→ *Hotel mit kleinen Appartements*

KULTUR

Senza Parole
Lange Reihe 117
www.senzaparole.de
→ *italienische Sprachschule*

SOZIALES / NON-PROFIT

Sperrgebiet Hamburg
Lindenstraße 13
www.sperrgebiet-hamburg.de
→ *Beratungsstelle für junge Prostituierte*

Seniorenbüro Hamburg e.V.
Brennerstraße 90
www.seniorenbuero-hamburg.de
→ *Vernetzungsstelle für ehrenamtliche Tätigkeiten*

Mieterverein zu Hamburg
Beim Strohhause 20
www.mieterverein-hamburg.de
→ *Beratung für MieterInnen*

RUND UM DEN HAUPTBAHNHOF

3

Besenbinderhof ★ Steintor ★ Museum für Kunst und Gewerbe/ZOB ★ Hauptbahnhof ★ Kirchenallee ★ Klockmannhaus ★ Deutsches Schauspielhaus ★ Hotel Reichshof ★ Bieberhaus

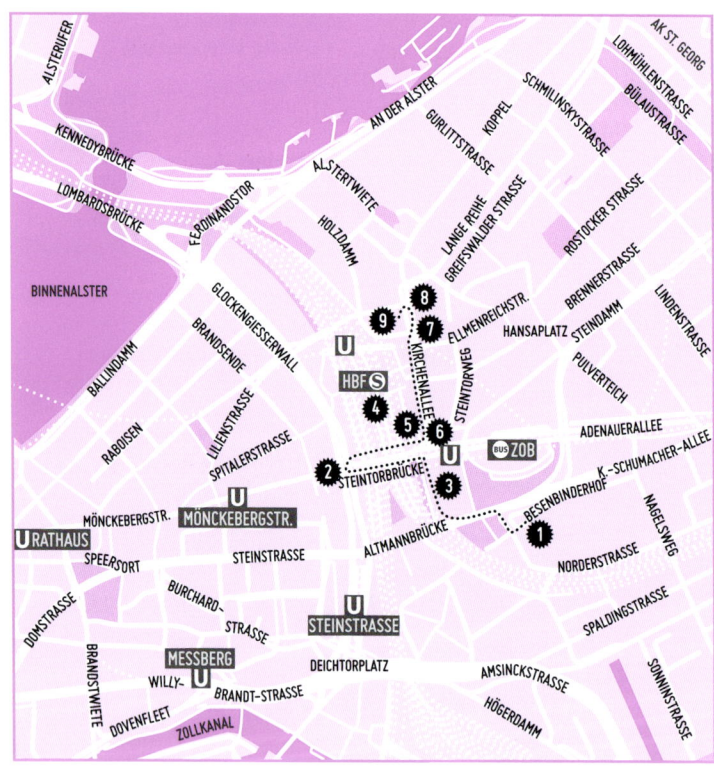

STARTPUNKT: Besenbinderhof (U-Bahn-Station Hauptbahnhof Süd)
ENDPUNKT: Heidi-Kabel-Platz (U-Bahn-Station Hauptbahnhof Süd)
DAUER: etwa 2 Stunden

Auf diesem dritten Rundgang in die Geschichte Sankt Georgs bewegen wir uns an der östlichen und südlichen Grenze des Stadtteils. Dabei wird schnell klar, dass die »Aufwertung« eines Viertels, die wir heute als Gentrifizierung bezeichnen, kein neues Phänomen ist, denn in Sankt Georg haben immer wieder soziale Wandlungsprozesse stattgefunden, die mit einer Verdrängung ärmerer Bevölkerungsschichten einhergingen. Um die Wende zum 20. Jahrhundert erlebte Sankt Georg allerdings einen beispiellosen Boom, der den ganzen Stadtteil grundlegend und nachhaltig veränderte.

Aber fangen wir ganz beschaulich mit den Gärten des Viertels an und beschäftigen uns dann mit den historischen Ereignissen und den Festen, die früher vor dem Steintor stattfanden. Unweit des Tors werden wir feststellen, dass das umständliche Umsteigen von einem Zug in den anderen letztlich dafür verantwortlich ist, dass sich Sankt Georg binnen weniger Jahre von einer leicht überschaubaren Vorstadt in ein mondänes Großstadtviertel verwandelte. Wir werden das erste Hochhaus Hamburgs besuchen, etwas Theaterluft schnuppern und von einem verschollenen Schatz erfahren. Mit keiner geringeren Hamburger Größe als Heidi Kabel endet der Rundgang.

GENTRIFIZIERUNG

Noch bis in die 1990er Jahre galt Sankt Georg den meisten Hamburgern nahezu als No-Go-Area, und sie verirrten sich eher selten in das klassische Bahnhofsviertel. Der Stadtteil war für seine Drogenkriminalität und die Begleiterscheinungen einer ausgeprägten weiblichen und männlichen Prostitution bekannt und gefürchtet.

Der aufmerksame Beobachter konnte allerdings schon damals eine Veränderung feststellen. Ein schleichender Prozess, der sich so unscheinbar vollzog, dass selbst die Einwohner Sankt Georgs den Lauf der Dinge erst gar nicht bzw. nur schwer greifen konnten. Wie von Geisterhand veränderte sich anfangs das Gesicht der Langen Reihe. So etablierten sich auf einmal zunehmend schickere Bars in der Straße, und die ersten Designerläden wurden eröffnet. Das Publikum bestand nun nicht mehr allein aus geschäftigen Sankt Georgern, Prostituierten und Freiern, sondern die Besucher und Anwohner begannen, auf der Meile zu flanieren. Sie schienen plötzlich auch teurer und angesagter gekleidet zu sein. Aber was war passiert? Die Antwort ist einfach: Der Stadtteil Sankt Georg hatte begonnen sich »aufzuwerten«!

Dass sich in Großstädten Stadtteile von schmuddeligen Quartieren in «hippe» In-Viertel verwandeln, ist kein Hamburger Phänomen. Die gleichen Prozesse lassen sich weltweit in nahezu allen Städten beobachten, und die einzelnen Phasen der Entwicklung haben viele Parallelen. So nahm sich bereits Ende des 19. Jahrhunderts die englische Sozialforschung dieses Themas an und prägte den heute gängigen und von der Wissenschaft in die Alltagssprache übergegangenen Begriff Gentrifizierung, der sich von dem Wort »Gentry« – übersetzt so viel wie niederer Adel – ableitet. Aber wie gentrifiziert sich ein Stadtteil?

Ein Viertel, das die typischen Phasen der »Aufwertung« durchläuft, muss zunächst mehrere Voraussetzungen erfüllen. Der Stadtteil muss sich zum einen in einer einigermaßen zentralen Lage befinden, von sozialen Gruppierungen wie Studenten, Migranten, älteren Menschen und Künstlern bewohnt werden und zugleich baulich vielfältig sein, d.h. in der Regel über reichlich sanierungsbedürftigen Altbaubestand verfügen. Die Wohnungen sind recht groß und die Mieten wegen ihres schlechten Zustands eher gering. Diese Beschreibung trifft auf Sankt Georg etwa von der Nachkriegszeit bis in die 1990er Jahre zu. Der schleichende Prozess der Aufwertung findet nun in vier Phasen statt.

In der ersten Phase wird ein solcher Stadtteil von der Gruppe der sogenannten Pioniere bevölkert. Diese Gruppe verfügt über ein vergleichsweise geringes Einkommen und / oder repräsentiert eine gesellschaftliche Minderheit. So etablierte sich in Sankt Georg bereits Ende der 1960er Jahren unter anderem eine große schwule Gemeinde. Hinzu kamen viele Künstler und Studenten, die sich in anderen Quartieren die Mieten nicht leisten konnten bzw. wollten. Eine große Anzahl von klassischen Wohngemeinschaften entstand. Zugleich siedelten sich, aufgrund der großen Wohneinheiten und des geringen Mietzinses, die damals so genannten »Gastarbeiter«, überwiegend türkische Migranten, in Sankt Georg an, und daneben verfügte das bahnhofsnahe Viertel noch über eine große Prostitutions- und Drogenszene.

Dieses Potpourri aus unterschiedlichsten Lebensstilen bildete den Nährboden für die nun beginnende »Aufwertung«, denn jede dieser Subkulturen hatte sich im Viertel ihre eigenen Infrastrukturen geschaffen – Geschäfte, Bars und sogar religiöse Zentren –, die genau ihren Bedürfnissen entsprachen. Für an solch vielfältige Verhältnisse nicht gewöhnte Besucher, die sich in das Viertel verirrten, wirkte das multikulturelle Mischmasch überraschend bunt und deshalb interessant. Die Begehrlichkeit, an diesem Treiben teilzuhaben, wuchs so stetig wie langsam, und immer mehr Menschen zogen nun aus anderen Stadtteilen nach Sankt Georg.

Diese Zuzügler stellen den schleichenden Übergang in die zweite Phase der Entwicklung dar, die Gruppe der Gentrifier. Diese Leute verfügen im Vergleich zu den Pionieren über ein höheres Einkommen, bringen also mehr Geld mit ins Quartier und heben den Investitions- und Konsumstandard. Diese Phase bringt nun auch die Hauseigentümer und Wohnungsgesellschaften auf den Plan, die Immobilien im Viertel unterhalten. Mit der steigenden Nachfrage nach ihren Wohnungen lassen sich finanziell schlechter gestellte Mieter gegen solventere Interessenten austauschen, durch die neue Mieterklientel wird das

Viertel über seine Grenzen hinaus immer bekannter und bekommt nun auch eine zunehmende mediale Aufmerksamkeit.

Die Aufwertung wird nun immer sicht- und spürbarer, und die verbliebenen Pioniere sowie die ersten Gentrifier fangen an, die Entwicklung mit Argwohn zu beobachten. Die Mieten steigen indes weiter, und neue Verdrängungsprozesse werden in Gang gesetzt. Die neuen, noch wohlhabenderen Bewohner schaffen sich, wie einst die Pioniere und die ersten Gentrifier, wiederum ihr eigenes, auf ihre Bedürfnisse zugeschnittenes Umfeld. So verschwinden in der dritten Phase allmählich die ursprünglichen kleinen Geschäfte und Bars und werden durch andere, schickere Läden und Einrichtungen ersetzt. Auch können sich die Pioniere und die ersten Gentrifier die steigenden Mieten nicht mehr leisten und wandern früher oder später ab. Die nun leer stehenden Wohneinheiten werden immer aufwendiger saniert, um den Ansprüchen der neuen Zuzügler gerecht zu werden.

Wiederum schleichend verläuft der Übergang in die vierte Phase, die dadurch gekennzeichnet ist, dass ganze Wohnhäuser entkernt und luxussaniert werden. Trotz der Anfang 2012 für Sankt Georg eingeführten Sozialen Erhaltungsverordnung, die besagt, dass die Umwandlung des bestehenden Wohnraums in Eigentumswohnungen genehmigungspflichtig ist, steigt diese Quote immer weiter an, weil immer mehr besserverdienende Einwohner ins Viertel strömen. In dieser Phase hat sich nun ein nahezu vollständiger Austausch der Geschäfte und gastronomischen Einrichtungen vollzogen, denn auch die Mieten der Gewerbeflächen sind natürlich unaufhörlich angestiegen. Der Stadtteil hat sich in ein angesagtes Szeneviertel verwandelt.

Nun beginnt die letzte und abschließende Phase der Gentrifizierung, die Verwandlung in eine moderne und bürgerlich-mondäne Wohngegend, aus der das ursprüngliche Flair beinahe vollständig verschwunden ist. Die ersten großen Ladenketten haben sich etabliert, weil nur sie die hohen Gewerbemieten zahlen können, weniger finanzstarke Läden hingegen müssen weichen. Ein Beispiel hierfür ist die drastische Mieterhöhung, die die Buchhandlung Wohlers in der Langen Reihe erhielt. Der Fall ging im Jahr 2013 durch die Presse, fand allerdings mit einem Umzug innerhalb der Straße ein gutes Ende.

Diese Phase zeigt das Paradoxon der Gentrifizierung an, denn die neuen Einwohner, die eigentlich am bunten Treiben und den subkulturellen Angeboten teilhaben wollten, haben das ursprüngliche Milieu fast vollständig verdrängt. Allein die öffentliche Stadtkasse freut sich über diese Phase, denn immer mehr privates Kapital sorgt für private Sanierungsinvestitionen. Wenn diese letzte Phase der Gentrifizierung abgeschlossen ist, spricht man von einem vollständig gentrifizierten oder auch »gesättigten« Stadtteil.

Dass diese Phasen von außen zuweilen schwer erkennbar sind, liegt an den sich zumeist versetzt vollziehenden und kaum voneinander abzugrenzenden Entwicklungen. Um sich ein Bild von einer vollendeten Gentrifizierung zu machen, bietet sich ein Besuch im Stadtteil Eppendorf an. Dieser Stadtteil ist heute ein gutsituiertes und wohlhabendes Quartier. Er hat bereits seit den 1970er Jahren die Phasen der Gentrifizierung durchlaufen, und der Prozess darf seit längerem als gesättigt gelten. Es ist heute schwer vorstellbar, dass Eppendorf auch einmal über eine so quirlige und vielfältige Infrastruktur verfügt hat, wie dies bis in jüngste Zeit auch in Sankt Georg noch der Fall war.

1 BESENBINDERHOF

Parallel zur Kurt-Schumacher-Allee und vom Nagelsweg abzweigend, verläuft die kleine Straße Besenbinderhof. Sie wirkt heute wie ein gewöhnlicher, recht unspektakulärer Ort am Rande der Innenstadt. Aber es entspräche wohl kaum dem Charakter des Stadtteils Sankt Georg, wenn sich hier nicht im Laufe der Jahrhunderte auch interessante und sozial widersprüchliche Dinge und Geschichten zugetragen hätten.

Der Name Besenbinderhof geht auf eine längst verschwundene Gastwirtschaft zurück, die sich hier an der früher wichtigsten Landstraße zum Steintor befand. Die »Gaststätte Besenbinder«, die auch Besenbinderhof genannt wurde, genoss einen sehr zweifelhaften Ruf, und der von 1653 bis 1664 amtierende Hauptpastor der Sankt Katharinen-Kirche, Johannes Corfinius, gab eine klare Empfehlung für den Umgang mit diesem Schandfleck aus: »Gott hätte den Unflath von vielen Sünden als Fressen, Saufen, Unzucht und anderer Bosheiten mehr, welche lange Zeit daselbst gesammelt worden, auf dem Besenbinderhof wegfegen und reinigen müssen.« Und seine Worte fanden scheinbar Gehör, denn 1658 brannte der Besenbinderhof durch »Verwahrlosung des Tabakschmauchens« komplett aus und wurde danach nicht wieder aufgebaut.

Nachdem die Neustadt durch den Bau der Wallanlagen direkt in das Stadtgebiet Hamburgs einbezogen worden war und schließlich eine städtische Bebauung bekam, verschwanden dort auch die vielen Klein- und Lustgärten, und den Gartenbetreibern wurden als Ausweichfläche unter anderem Gebiete in Sankt Georg angeboten. Die Tradition der Gartenvermietung an Hamburger Bürger in Sankt Georg geht in das 15. Jahrhundert zurück, und das Gebiet um den Besenbinderhof war für die Anlage von Gärten schon früh sehr beliebt (Abb. 1).

Der Grund für diese Beliebtheit liegt etwa 22 000 Jahre zurück und hat geologische Gründe. Die heutige Bebauung muss man sich natürlich wegdenken, denn erst dann wird eine natürliche Besonderheit Sankt Georgs offensichtlich. Hinter der Gebäudezeile des Besenbinderhofs und der gesamten östlichen Grenze Sankt Georgs verläuft ein Geesthang. Dieser Hang ist ein Relikt aus der ausgehenden Weichseleiszeit. Nach dem Schmelzen der Gletscher formte sich nämlich das Elbe-Urstromtal, das sich heute von Cuxhaven aus 300 Kilometer stromeinwärts ins Festland zieht. Die Niederung, die sich hinter dem Geesthang befindet, ist der heutige Stadtteil Hammerbrook. Dieses Areal wurde lange Zeit landwirtschaftlich genutzt und erst im 19. Jahrhundert bebaut. So hatte man von dieser Stelle aus einen spektakulären Blick über die Weiten der Elbmarsch.

1 GARTENANLAGEN IN SANKT GEORG, 1760

Zunächst bauten hier die Kleingärtner Obst, Gemüse und Kräuter für ihren Eigenbedarf an. Den Mietern der Gärten war es untersagt, in ihren kleinen Lauben zu wohnen, denn bis zur Torsperre (vgl. Exkurs Torsperre) mussten sie täglich in die Stadt zurückkehren. Über die Jahrhunderte wuchs die Hamburger Bevölkerung dann stetig an, und die Bebauung der Stadt wurde immer dichter. Gerade im Sommer legte sich eine stickige – und durch die fehlende städtische Kanalisation wohl auch sehr übelriechende – Dunstglocke über die Straßen Hamburgs. Und so sahen sich auch die reicheren Hamburger Bürger irgendwann veranlasst, einen Ausweichort für ihre Sommerfrische zu suchen. Die Nutzgärten verwandelten sie in feudale Lustgärten und bauten auf den Gartenparzellen Sommer- oder Gartenhäuser, die je nach den jeweiligen Ansprüchen ganz unterschiedlich ausfielen. Und auch das Verbot, in den ansehnlichen Sommerhäusern dauerhaft zu wohnen, konnten die politisch einflussreichen

88 Gartenbetreiber bald beseitigen. Wie wir uns ein solches Sommerhaus vorzustellen haben, werden wir beim nächsten Rundgang sehen, an dessen Strecke sich noch eines dieser Häuser erhalten hat (vgl. Rundgang 4, Lange Reihe).

Es wurde an dieser Stelle allerdings nicht nur residiert, sondern bald wurden auch Möglichkeiten geschaffen, sich zu vergnügen – 1817 wurde am Besenbinderhof das »Tivoli« eröffnet. Die terrassenförmige, zweigeschossige Gartenwirtschaft war baulich dem Wintergarten von Versailles nachempfunden. Eine Besonderheit dieses Etablissements war eine Holzrutsche, auf der man aus dem zweiten Stock mittels kleiner Karren ins Erdgeschoss düsen konnte (Abb. 2). Ab 1829 übernahm der berühmte Theaterdirektor Chéri Maurice, der später auch das Thalia Theater gründete, die Leitung des Tivoli und inszenierte im Sommer beliebte Volksstücke und Ballettvorstellungen (Abb. 3). Ein Zeitgenosse beschreibt das Publikum als »eine anständige Gesellschaft hier, – freilich nicht die Creme des hamburgischen Patriziertums [...] sondern das hamburgische Volck, jene(r) glückliche, genügsam genießende Mittelstand«. Diese Beobachtung spiegelt auch die Tendenzen der Verstädterung Sankt Georgs und die allmähliche Ansiedlung des Mittelstands in jener Zeit wider. Das Tivoli bestand bis ins Jahr 1890. Das zweifellos beeindruckendste Gebäude an der Straße Besenbinderhof ist heute das

2+3 DAS TIVOLI AM BESENBINDERHOF: RUTSCHBAHN UND BLICK VON DER BÜHNE, 1850

4 GEWERKSCHAFTSHAUS BESENBINDERHOF, 1906

Gebäude des Deutschen Gewerkschaftsbundes (Abb. 4). Infolge der Industrialisierung entstanden im 19. Jahrhundert viele kleine Arbeiter-
vereinigungen und Gewerkschaften, deren Büros über die ganze Stadt
Hamburg verteilt waren. Da man aber kaum Geld zur Anmietung großer
Säle für die zahlreichen Großveranstaltungen hatte, schlossen sich die
Vereine 1894 zu einem Kartell, dem »Allgemeinen Deutschen Arbeiter-
bund«, zusammen. Um nun einen sozialen und kulturellen Mittelpunkt
der Arbeitervereine in Hamburg zu schaffen, erwarb dieser Bund durch
Spenden seiner Mitglieder die Grundstücke hier an der Straße, und unter
Leitung der Architekten Heinrich Krüger und Wilhelm Schröder wurde
1906 das erste seiner Gebäude errichtet. Bei der Einweihung nannte August Bebel, ein Mitbegründer der deutschen Sozialdemokratie, den Bau
die »Waffenschmiede der deutschen Arbeiterbewegung« und stellte die
Bedeutung des Hauses als eines neuen Wahrzeichens für Hamburg mit
dem 1897 fertiggestellten Rathaus und dem fast zur selben Zeit neu errichteten Hauptbahnhof auf eine Stufe. Der Besenbinderhof, wie das um
weitere Anbauten ergänzte Gebäude fortan genannt wurde, beherbergte

90 diverse Versammlungsräume, Büros, eine Speisehalle, Logierräume für Wanderarbeiter mit insgesamt 158 Schlafmöglichkeiten und eine Bibliothek. Die mit Jugendstilelementen aus Granit und Sandstein reichlich verzierte Fassade und die hervorstechende Optik des Gewerkschaftshauses waren bei den Zeitgenossen freilich nicht unumstritten. Skeptiker monierten, das imposante Erscheinungsbild versuche in seiner Repräsentativität noch manches Hamburger Kontorhaus zu übertreffen und sei einer Arbeiterorganisation nicht angemessen.

Noch heute ist der Besenbinderhof der Sitz des Deutschen Gewerkschaftsbundes Nord, der die Bundesländer Hamburg, Schleswig-Holstein und Mecklenburg-Vorpommern umfasst und aktuell rund 420 000 Mitglieder betreut.

Wir verlassen nun den Besenbinderhof und gehen weiter, vorbei am Museum für Kunst und Gewerbe, zur Steintorbrücke, die sich vor der Südseite des Hauptbahnhofs befindet.

2 STEINTOR

Heute sind die Steintorbrücke und der Steintordamm stark befahrene Verbindungsstraßen zwischen der Mönckebergstraße, dem Ring 1 und Sankt Georg. Auch wenn man hier von den historischen Gegebenheiten nichts mehr erkennen kann, war dieser Ort schon immer durch ein hohes Verkehrsaufkommen geprägt. An dieser Stelle befand sich das – 1266 erstmals erwähnte – Steintor, der einzige Übergang für Fuhrwerke von Hamburg nach Sankt Georg und nach der Errichtung der Wallanlagen 1625 (vgl. Rundgang 2, Das Neue Werk) ein Haupttor zwischen Hamburg und seinem Umland. Durch dieses Tor gelangte man über die Hauptverbindungsstraßen, unter anderem den Steindamm, zu dem Flecken Wandsbek, zu den ländlichen Siedlungen Hamm und Horn und natürlich nach Lübeck und Berlin.

Das Steintor war ein massiver doppeltürmiger Bau, dessen Türme jeweils zwanzig Meter hoch waren, und glich nicht ohne Zufall dem

Holstentor in Lübeck (Abb. 5). Auch wenn das Tor auf die Hauptausfallstraßen nach Berlin und Lübeck ging, war der Durchgang des Gebäudes recht eng ausgelegt. Das gängige Transportmittel war damals die Pferdekutsche. Größere Pferdefuhrwerke mussten allerdings vor dem Tor halten und ihre

5 STEINTOR, UM 1600

Ladungen um- oder abladen, um hindurchzukommen. Nicht nur die Passage durch das Steintor war indes beschwerlich, sondern auch die anschließenden Reisen waren sehr aufwendig. Für die Fahrt mit der Postkutsche von Hamburg nach Berlin brauchte man über vierzig Stunden. Das alte Steintor wurde schließlich 1806 abgerissen und durch ein breites und leichter zu passierendes Tor ersetzt. Ein letztes Gebäude mit historischem Bezug zum Steintor ist das alte Wachhaus an der heutigen Adenauerallee 70 hinter dem ZOB.

Das Steintor war aber nicht nur durch seine Funktion als eines der Hamburger Haupttore bekannt, sondern auch aufgrund der Veranstaltungen, die sich auf der Sankt Georger Seite abspielten. Eines der ältesten Spektakel, die hier stattfanden, war das 1633 eingeführte Waisengrün. Dieses Fest war ein öffentlich zelebrierter Spendenaufruf für das Hamburger Waisenhaus und fand alljährlich am ersten Donnerstag im Juli statt. Die Waisenkinder zogen dann prozessionsartig durch die Straßen Hamburgs, wobei die Jungen, die sich durch besonderen Gehorsam und Fleiß verdient gemacht hatten, den Umzug anführten. Sie waren mit grünen Bändern geschmückt und trugen lange Stäbe, an denen jeweils eine Spendenbüchse befestigt war. Den zahlreichen Besuchern riefen sie die Worte: »Belewt de

92

6 LÄMMERMARKT AM STEINTOR, ANFANG DES 20. JAHRHUNDERTS

Herr, de Armen to bedenken, ok een in de Hand to schenken, Gods Lohn und Dank för de Armen« zu und forderten sie damit zu milden Gaben auf. Bis zu 7000 Mark, zu damaliger Zeit eine nicht unerhebliche Summe, konnten bei solch einem Umzug, dessen Ziel ein Festzelt auf der Wiese vor dem Steintor in Sankt Georg bildete, zusammenkommen. Auf dieser Wiese steht heute das Museum für Kunst und Gewerbe, mit dem wir uns später noch eingehender befassen werden. Aufgrund der Befürchtung, dass die Kinder durch die Gewöhnung an Almosen in ihrer sittlichen Entwicklung und außerdem durch das zunehmende Verkehrsaufkommen in Hamburg und am Steintor bei ihrem Umzug gefährdet würden, stellte man den traditionellen Umzug 1876 ein.

Ein weitaus populäreres Fest war aber der Lämmermarkt, der seit 1722 jedes Jahr am Freitag vor Pfingsten stattfand (Abb. 6). Ein unbekannter Zeitgenosse beschreibt das Fest wie folgt: »Freytag vor Pfingsten haben

7 AUFSTAND AM STEINTOR, 1848

sonderlich junge Leute in Sankt Jürgen (niederdeutsch für Sankt Georg)
eine sonderbare Freude mit den so genannten Pfingstlämmer so daselbst
verkauft wurden.« Ursprünglich war der Lämmermarkt ein Verkaufs-
markt für die Tiere, die dann als Pfingstlammbraten in den Hamburger
Küchen endeten. Aber schon bald wurde aus dem Tiermarkt eine mit dem
heutigen Hamburger Dom vergleichbare Veranstaltung, denn zu den Tier-
händlern gesellten sich nach und nach Seiltänzer, Gaukler und Bänkel-
sänger. Im Laufe der Jahre wurde der Markt immer größer, und es kamen
Trinkbuden, Karussells und Theatervorführungen hinzu. Der Lämmermarkt öffnete seine Pforten bereits früh am Morgen und ging bis spät in
die Nacht. Morgens widmete man sich dem Handel mit den Lämmern,
während des Tages strömten dann die Familien aus Hamburg und Sankt
Georg herbei, um sich zu vergnügen. Am Abend bevölkerten Hamburger
und Sankt Georger Handwerksgesellen, Schlachter- und Zuckerbäcker-

94 knechte, die für ihre Trinkfestigkeit und ihre außerordentliche Streitlust bekannt und gefürchtet waren, das Fest.

Am Abend des 9. Juni 1848 entlud sich während des Marktes ein lang aufgestauter Unmut der Hamburger Bevölkerung. Fast überall in den Kleinstaaten des Deutschen Bundes war es in diesem Jahr zu Unruhen gegen die verkrusteten und feudalen Gesellschaftsstrukturen gekommen. Die kleine Revolution in Hamburg begann vor dem Steintor (Abb. 7). Auch Hamburg befand sich im Wandel, man diskutierte zum Beispiel eine neue Hamburgische Verfassung, und viele Hamburger Bürger sowie die Anrainer empfanden manch überkommene Einrichtungen, wie unter anderem die Torsperre, als überholt und reformbedürftig (vgl. Exkurs Torsperre). Die Aufständischen marschierten nun kampfbereit von der Marktwiese zum Steintor, wo sie die Torflügel aushebelten. Dort stürmten sie die Wachhäuser, warfen die Sperrmarken, die nach der Entrichtung des Sperrschillings herausgegeben wurden, in die versammelte Menschenmenge und zündeten mit herbeigeholten Strohballen die Wachhäuser an. Dazu wurde die Sperrglocke geläutet, und die Beamten, die das Tor bewachten, mussten dem Spektakel machtlos zusehen. Diese Aktion war aber keinesfalls ein spontanes Ereignis, denn zuvor waren in der damals noch eigenständigen Stadt Altona Flugblätter mit revolutionären Inhalten gedruckt worden, die in der Nacht am Steintor ausgegeben wurden. Der Aufstand wurde letztlich durch die herangeeilte Bürgergarde und die freiwillige Polizei, die auch »Knüppelgarde« genannt wurde, niedergeschlagen.

Im Jahr 1874 wurde der Lämmermarkt aufgrund des Museumsneubaus auf die Bürgerweide vor dem Berliner und Lübecker Tor verlegt und 1919 schließlich ganz eingestellt. Das Steintor selbst blieb während der Aufrechterhaltung der Torsperre bis 1860 bestehen und wurde anschließend abgetragen. Ein eigenartiges Nachleben erlebte das alte Tor 1935, als die nationalsozialistische Stadtverwaltung für kurze Zeit ein nachgebautes Tor errichtete.

Wir wenden uns nun dem Museum für Kunst und Gewerbe zu, das sich unweit von unserem Standort befindet.

3 MUSEUM FÜR KUNST UND GEWERBE / ZOB

Das Gelände, auf dem sich heute das Museum und der Zentrale Omnibusbahnhof (ZOB) befinden, hieß einst Kaiserwiese. Im Zuge der großstädtischen Neubebauung Sankt Georgs im ausgehenden 19. Jahrhundert stand auch diese zuvor für die beschriebenen Festivitäten genutzte Fläche zur Disposition, weil sie zu wertvollem Bauland geworden war. Bereits 1870 plante man an dieser Stelle ein neues Schulgebäude zu errichten, und sechs Jahre später wurde der unter der Leitung von Carl Johann Zimmermann errichtete schlossartige Putzbau mit Sandsteingliederungen im Stil der Neorenaissance fertiggestellt (Abb. 8). In den oberen Stockwerken zogen die Realschule des Johanneums und die Allgemeine Gewerbeschule ein, was die noch heute an dem Gebäude ablesbare nüchterne Innenarchitektur erklärt.

Ein Jahr nach Fertigstellung des Gebäudes wurde im Erdgeschoss das von der Patriotischen Gesellschaft initiierte »Museum für Kunst und Industrie« (später »Gewerbe«) eingerichtet. Der Gründungsdirektor Justus Brinckmann (1843–1915), der das Museum bis zu seinem Tod 1915 leitete, stellte hier neben den »geschmacksbildenden« industriellen Errungenschaften seiner Zeit zunächst auch botanische und völkerkundliche Exponate aus. Neben weitere Sammlungen sind im Museum bis heute Porzellane, Ostasiatika, Gebrauchsgrafiken und Fotografien zu sehen, deren Ausstellung durch zahlreiche temporäre Schauen der angewandten Kunst ergänzt wird. Außerdem

8 MUSEUM FÜR KUNST UND GEWERBE, UM 1900

9 TURNHALLE SANKT GEORG, 1888

befinden sich im Museum einige erhaltenswerte Interieurs abgerissener oder durch Umbau veränderter Hamburger Bürgerhäuser, unter anderem der von Erwin Speckter mit Fresken geschmückte Salon aus dem Haus Abendroth von Alexis de Chateauneuf aus dem Jahr 1835 und das neobarocke Musikzimmer aus dem Budge-Palais von Martin Haller und Hermann Geißler aus dem Jahr 1909. Zudem wurde in den Innenhof die reich dekorierte Renaissancefassade des Kaiserhofs von 1619 eingefügt. Erst 1976 verließ die letzte Schule, eine Ingenieursschule, das Gebäude.

Heute wirkt das Museum an seinem Standort etwas verloren. Das war bei seiner Errichtung allerdings nicht so, denn das Gebäude fügte sich in baulicher Harmonie in ein Ensemble aus Naturhistorischem Museum (das sich gegenüber an der heutigen Mönckebergstraße befand), der Badeanstalt und einem breiten Streifen auf dem Grund der abgetragenen Wallanlagen ein. Der Hauptbahnhof wurde erst einige Jahre später gebaut, und die Vielzahl der Trassen, die sich noch heute am Fuße des Museums entlangzieht, gab es noch nicht.

Eine etwas frühere Bebauung auf der Kaiserwiese erfolgte an der Stelle, wo sich heute der ZOB befindet. Zwei Schüler des Turnvaters Jahn gründeten hier den ersten Turnverein Hamburgs, die »Hamburger Turnerschaft« von 1816, und damit sogar den ältesten Turnverein der Welt. In diesen Verein konnte jeder Hamburger, egal welchen Alters oder Standes, aufgenommen werden. Man duzte sich und verstand sich nicht als eine politische, jedoch als patriotische Vereinigung. So drückten die Vereinsmitglieder ihre Gesinnung nach der Reichsgründung 1872 mit der Parole aus: »Politik des Tages soll und muß den Turnvereinen immer fern liegen, aber Patriotismus ist keine Politik [...] Gut Heil für Kaiser und Reich!«

1849 wurde auf dem Areal dann die erste Turnhalle in Fachwerkbauweise errichtet und aufgrund der stetigen Zunahme an Vereinsmitgliedern 1865 erweitert. 1888 ersetzte man die alte Halle durch ein steinernes Gebäude (Abb. 9). Dieser Bau überstand die Bombennächte des Zweiten Weltkriegs (vgl. Exkurs Operation Gomorrha) und wurde nach 1945 als Flüchtlingslager genutzt, bis er schließlich 1954 abgerissen wurde.

Nach dem Krieg wuchsen die Mobilitätsbedürfnisse der Bevölkerung schnell, und man baute auf diesem Gelände den ersten Zentralbahnhof für Omnibusse. Dem Zeitgeist gemäß wurde der lange als einer der modernsten Fernbusbahnhöfe Europas geltende Busbahnhof in organischen Formen, vergleichbar den Nierentischen der Zeit, errichtet. 2001 reichte die Kapazität des Gebäudes nicht mehr aus, und man baute für knapp 16 Millionen Euro den noch heute sichtbaren und futuristisch anmutenden Ankunfts- und Abfahrtsterminal (ASW Architekten, Abb. 10). Neben dem Hauptbahnhof und dem Flughafen ist der ZOB einer der bedeutenden Verkehrs-

10 ZENTRALER OMNIBUSBAHNHOF

98 knotenpunkte der Stadt. Knapp 39 000 Abfahrten mit etwa drei Millionen Fahrgästen werden hier jährlich abgefertigt (Stand 2013). Die populärste Tour sind die Fahrten zwischen Hamburg und Berlin, seit 2014 gibt es auf dieser Strecke täglich dreißig Fernbusverbindungen.

Ein noch größeres Verkehrszentrum ist zweifellos der Hamburger Hauptbahnhof, der sich gleich in der Nähe befindet und die nächste Station unserer Tour ist.

 **HAUPTBAHNHOF**

Bevor der Hauptbahnhof gebaut wurde, verlief hier für einige Hundert Jahre die bollwerkartige Hamburger Wallanlage. Im Zuge der Industrialisierung und der wachsenden Mobilität durch den rasanten Ausbau des Eisenbahnwesens waren in unmittelbarer Nähe zu Sankt Georg vier Kopfbahnhöfe entstanden, die zwar jeweils von verschiedenen Betriebsgesellschaften unterhalten wurden, aber allesamt der Preußischen Eisenbahnverwaltung unterstellt waren. In der Spaldingstraße stand seit 1865 der Lübecker Bahnhof und dort, wo sich heute die Deichtorhallen befinden, seit 1846 der Berliner Bahnhof (Abb. 11). Auf dem Gelände des heutigen Hühnerpostens befand sich der Bahnhof Klosterthor, von dem aus man nach Altona bzw. nach Kiel reisen konnte. Der 1872 gebaute Han-

11+12 BERLINER BAHNHOF, UM 1870, UND LAGEPLAN DER HAMBURGER BAHNHÖFE

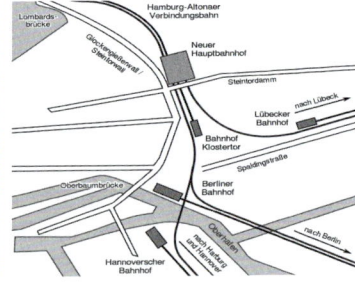

13 HAUPTBAHNHOF IM BAU, 1905

noversche Bahnhof (bis 1892 Venloer Bahnhof) lag am Oberhafen und war Ausgangspunkt zweier Fernstrecken nach Hannover, ins Ruhrgebiet und ins Rheinland. Nachdem die Strecke bis nach Paris verlängert worden war, nannte man ihn auch »Pariser Bahnhof«.

Nun lagen die vier Bahnhöfe zwar alle in einer Entfernung von maximal 600 Metern voneinander, aber für die Reisenden war das Umsteigen natürlich trotzdem lästig (Abb. 12). Bereits 1866 wies die Stadt Hamburg die Preußische Eisenbahnverwaltung darauf hin, dass ein »internationales Verkehrscentrum wie Hamburg gebieterisch eine zweckmäßige Centralisation des Personenverkehrs und Einrichtungen für einen unabhängigen Güterverkehr verlange«. Dieser Apell fand aber erst um die Jahrhundertwende Gehör, nachdem sich bis 1899 das Verkehrsaufkommen vervierfacht hatte und die Kapazitäten der vier kleinen Bahnhöfe endgültig an ihre Grenzen gekommen waren. Nun wurden die Planungen für den Centralbahnhof aufgenommen, man entschied sich für den jetzigen Standort zwischen dem Glockengießerwall und der Kirchenallee und begann schließlich 1901 mit den Bauarbeiten (Abb. 13). Nach einer Ausschreibung

14 GLEISHALLE IM HAUPTBAHNHOF, 1906

übernahmen die Architekten Heinrich Reinhardt und Georg Süßenguth aus Charlottenburg die Bauausführung, das technische Konzept lieferte der Ingenieur Ernst Moeller aus Altona. Als Vorbild für den neuen Hauptbahnhof diente das »Palais des Machines« der Pariser Weltausstellung von 1889, und als Baumaterial verwendete man auch hier Stahl und Glas sowie Sand- und Tuffstein.

Mit einer Gesamtlänge von 121 Metern und einer Höhe der gewölbten Stahl-Glasdachkonstruktion von 37 Metern (ihre Spannweite beträgt 73 Meter) wurde der Bahnhof am 5. Dezember 1906 eingeweiht (Abb. 14). Da man beidseits des Bahnhofs keinen Platz für eine Wartehalle hatte, wurde über den sieben Meter tiefer liegenden Gleisen auf einer Brücke die Wandelhalle errichtet. Dieser tiefe Verlauf der Gleisanlage erklärt sich damit, dass man die Trassen in das ehemalige Bett des Wallgrabens eingelassen hatte. Am Nordsteg, ebenfalls über den Gleisen, baute man die jeweils 45

Meter hohen Türme. Zwei Jahre nach der Fertigstellung, als die Arbeiten an der als Verbindungsspange zwischen dem Rathaus und dem Hauptbahnhof durch die Stadt geschlagenen Mönckebergstraße abgeschlossen waren, zeigte sich dann ein gravierender Planungsfehler des Gebäudes – der Haupteingang wurde auf der falschen Seite des Bahnhofes gebaut.

Die Architektur der Wandelhalle folgte dem Baugeschmack des Kaiserreichs, die Treppen und Säulen des Wartebereichs bestanden aus Marmor, und es befanden sich dort insgesamt drei Wartesäle mit unterschiedlich ausgestatteten Gastwirtschaften (Abb. 15). Der Saal I war mit einer blauen Schleiflackvertäfelung ausgekleidet und mit roter und goldener Farbe abgesetzt, Saal II war komplett nussbaumgetäfelt und die Decke mit Damast bespannt, und Saal III bestand aus vergoldetem Birkenholz. Nach hanseatischer Manier stellte man neben einigen Kunstvitrinen auch Modelle von Hansekoggen zur Schau. Insgesamt 630 wartende Fahrgäste und Besucher fanden in den Restaurationen Platz, wo die Bestellungen über ein Rohrpostsystem abgewickelt wurden. Während des Baus der ersten U-Bahn-Ringlinie (dem Verlauf der heutigen U3) wurde der Hauptbahnhof um einen U-Bahn-Tunnel auf der Südseite erweitert.

Im Zweiten Weltkrieg wurde der Hauptbahnhof trotz Tarnvorrichtungen 1943 so stark beschädigt, dass von der Ankunftshalle nur noch das

15+16 RESTAURANT IM HAUPTBAHNHOF, 1906, UND KRIEGSZERSTÖRUNGEN VON 1943

17 KIRCHENALLEE, 1855

Stahlgerüst übrig blieb (Abb. 16). Anfang der 1950er Jahre begann man mit dem Wiederaufbau, zwischen 1974 und 1980 wurde das Bahnhofsgebäude grundlegend renoviert. Im Zuge dieser Umbauten entstanden die postmodernen Vordächer auf der Nordseite und die so genannte »Keksdose«, ein Verwaltungsgebäude auf der Südseite. Auch wurden die Bahnsteige in der Ankunftshalle für die S-Bahn erweitert.

Derzeit stellt der Hauptbahnhof einen Hauptknotenpunkt für alle U- und S-Bahn-Linien Hamburgs dar. Nach einer umfassenden Sanierung wurde Anfang der 1990er Jahren ein neues Konzept für die Wandelhalle als Einkaufzentrum umgesetzt, in die neu errichtete Galerie im ersten Obergeschoss zogen nun neue Ladenlokale ein. Durch diese Maßnahmen verlor die Wandelhalle allerdings erheblich an Raum.

Eine weitere Besonderheit des Hauptbahnhofs sind die unterhalb des Geländes befindlichen Tiefbunker, die nach dem Erlass des sogenannten »Führer-Sofortprogramms« zwischen 1941 und 1944 gebaut wurden. Einer dieser Bunker befindet sich unter dem Steintorwall. Er verfügt über 150 Räume, die sich auf drei Etagen verteilen. Insgesamt hat die Anlage eine Fläche von 2700 Quadratmetern, die Betonwände haben eine Stärke von 3,75 Metern. Knapp 2500 Menschen konnten hier Schutz suchen. Der andere, etwas kleinere Bunker, befindet sich unter dem Hachmannplatz. Diese Anlage wurde bereits 1941 fertiggestellt und bot im Krieg eintausend Schutzsuchenden Platz. Tatsächlich zwängten sich aber bei den Luftangriffen 1943 bis zu 4000 Menschen in seine Räume. Der Eingang zu diesem Tiefbunker befindet sich hinter den Lamellentüren im Eingangstunnel der U-Bahn beim Schauspielhaus.

18+19 GROSSE ALLEE, 1785, UND FRIEDHOF KIRCHENALLEE, 1899

Nach dem Zweiten Weltkrieg dienten die Räume als Übernachtungsstätte für die zahlreichen ausgebombten Hamburger, während des Kalten Kriegs wurden die Bunker durch das Schutzbaugesetz von 1962 zu Luftschutzanlagen vor möglichen Atomangriffen ausgebaut. Noch heute sind die Bunker in Betrieb und könnten im Ernstfall 1447 Menschen aufnehmen.

Mit täglich 450 000 Reisenden zählt der Hamburger Hauptbahnhof heute zu den meistfrequentierten Bahnhöfen Deutschlands. Den Stadtteil Sankt Georg als ein touristisch geprägtes Viertel – mit allen Vor- und Nachteilen – hatte er bereits kurz nach seiner Eröffnung nachhaltig verändert.

Wir verlassen nun den Hauptbahnhof und wenden uns der Kirchenallee zu.

5 KIRCHENALLEE

Die Straße vor dem Hauptbahnhof, die Kirchenallee, verdankt ihren Namen der Kirche des Sankt Georg-Stifts, dem Vorgängerbau der Dreieinigkeitskirche. Als die Wallanlagen und das Steintor noch existierten, war diese Straße eine idyllische, einseitig bebaute Ulmenallee am südlichen Rand Sankt Georgs (Abb. 17). Im Zeitalter des Barock erfüllte sie jedoch noch einen weiteren, ästhetischen Zweck, denn die Baumode der Zeit pflegte eine verspielte Optik. Wer durch das Steintor nach Sankt Georg

104 kam, sollte von mehreren Sichtachsen in Form von Alleen gelenkt werden. Diese Achsen existieren noch heute: Neben der Kirchenallee erfüllten der Steindamm und die Große Allee, die heutige Adenauerallee, das barocke Bedürfnis nach einer kunstvollen Symmetrie (Abb. 18). Und damit die Sichtachsen auch einen angemessenen Abschluss hatten, war am Ende der Kirchenallee die Dreieinigkeitskirche, deren Turm eigens aus diesem Grund in schräg versetzter Lage zum Sankt Georgskirchhof gebaut wurde, zu sehen.

Zwischen der Kirchenallee und dem Verlauf der späteren Wallanlagen wurde 1554 ein Armen- und Seuchenfriedhof angelegt, auf dem später auch die Hingerichteten vom Köppelberg verscharrt wurden (Abb. 19, vgl. Rundgang 2, Das Hochgericht). Als die Franzosen Anfang des 19. Jahrhunderts Hamburg besetzten, bestattete man hier die napoleonischen Soldaten. Vor Baubeginn des Hauptbahnhofs wurden die sterblichen Überreste auf den Friedhof Ohlsdorf umgebettet.

Die Idylle der ruhigen Wohnstraße fand durch den Bau des Hauptbahnhofs Anfang des 20. Jahrhunderts ein jähes Ende. Viele Bewohner zogen fort, und nach Fertigstellung des Bahnhofs erlebte die Kirchenallee einen grundlegenden Strukturwandel zu einer geschäftigen Bahnhofsstraße. Aus den Wohnhäusern wurden Hotels, und wegen der vielen Menschen, die den Bahnhof nun täglich passierten, eröffnete hier eine Vielzahl von Geschäften, Restaurants, Cafés und Bars.

Ein schon damals bestehendes Hotel, das Savoy, steht heute noch, allerdings in einer stark veränderten Form. Um uns diesen Bau etwas näher anzusehen, gehen wir zurück zum Steintorplatz am Ende der Kirchenallee.

6 KLOCKMANNHAUS

Das mit einer Klinkerfassade versehene Klockmannhaus am Steintorplatz, Ecke Kirchenallee, war eines der ersten Hotels in Sankt Georg, bereits 1870 eröffnete an dieser Stelle das Hotel Savoy. Vergleicht man das Bild des Hotels mit dem heutigen Klockmannhaus, dann ist die bauliche

20+21 HOTEL SAVOY, ENDE DES 19. JAHRHUNDERTS, UND KLOCKMANNHAUS

Grundform noch zu erkennen (Abb. 20+21). 1848 wurde an diesem Ort die Gastwirtschaft Nagels Bierstube eröffnet, die noch heute existiert. 1926 übernahm der Lederwarenhersteller Ernst Klockmann das Gebäude und stockte das ehemalige Hotel unter Leitung der Architekten Rudolf Klophaus und August Schoch um drei Etagen auf. Aufgrund seiner Höhe zählte das achtstöckige und fortan Klockmannhaus genannte Gebäude als eines der ersten Hochhäuser Hamburgs. In den 1930er Jahren wurde es unter anderem dadurch bekannt, dass immer zur Weihnachtszeit ein großer Weihnachtsbaum sein Dach schmückte. Im Zweiten Weltkrieg musste diese Tradition allerdings einer Flugabwehrkanone weichen, und während der Bombennächte wurde das Kontorhaus schwer beschädigt. Nach dem Krieg wurden Teile des Gebäudes von der Firma Klockmann weiter genutzt, in den 1960er Jahren zog in den vierten Stock das »Hamburg Akustik Studio« ein, in dem am 15. Oktober 1960 die Beatles ihren ersten Song als Musterpressung aufnahmen. Nachdem der letzte Geschäftsführer und Enkel Ernst Klockmanns, Jürgen Schröder, schwer erkrankte, gab die Lederwarenfirma 2001 den Standort auf, und das Gebäude stand einige Jahre leer. Im Jahr 2010 wurde das Klockmannhaus für dreißig Millionen Euro vollständig umgebaut, aktueller Pächter ist seit 2012 eine britische Hostelkette, die in diesem Gebäude knapp 700 günstige Schlafmöglichkeiten anbietet.

106   Gehen wir nun die Kirchenallee wieder ein Stück bis zum Schauspielhaus entlang.

 **DEUTSCHES SCHAUSPIELHAUS**

Der imposante Theaterbau des Deutschen Schauspielhauses ist letztlich
ein Produkt der Eigeninitiative enttäuschter Kunstliebhaber und ein Zeichen dafür, dass Hamburg um die Wende zum 20. Jahrhundert zu einer
bedeutenden Metropole angewachsen war, deren kulturelles Angebot
dieser Entwicklung aber hinterherhinkte. Um sich ein Theaterstück oder
eine Oper anzusehen, hatten die Hamburger bis zur Errichtung des Schauspielhauses nur zwei Möglichkeiten: Sie mussten ins Thalia Theater oder
ins Stadttheater gehen. Als sich nun die Initiative für eine neue Bühne
regte, galten beide Bühnen als mittelmäßig und die Stücke als langweilig
und wenig innovativ, was auch daran gelegen haben mag, dass die beiden Häuser vom selben Management geführt wurden und deshalb in der
Hamburger Theaterlandschaft eine konkurrenzlose Monopolstellung in-
nehatten. Jedenfalls entstand aus diesem Unmut unter den enttäuschten
Theatergängern und Bühnenkünstlern in den 1890er Jahren eine Bewegung, die sich zum Verein »Hamburger Bürger zu Sankt Georg« zusam-
menschloss. Aus diesem Verein entstand wiederum 1899 die »Deutsches
Schauspielhaus Aktiengesellschaft«. Ziel der Aktiengesellschaft war die
Schaffung einer Bühne, die dem Zeitgeist und dem Geschmack des Hamburger Großbürgertums entsprach. Durch den Verkauf von eintausend
Aktien konnte ein Startkapital von einer Million Mark eingesammelt
werden. Für die Lage entschied sich die Aktiengesellschaft nicht allein
deshalb, weil auf dem Grundstück bereits ein Theater und Tanzsalon, das
»Englische Tivoli«, bestand, sondern weil bekannt war, dass einige Jahre
später auf der gegenüberliegenden Straßenseite der Hamburger Hauptbahnhof errichtet werden würde – dass sich die Kirchenallee und die Sei-
tenstraßen zu einem großstädtischen Bahnhofsviertel mit Gaststätten und
Hotels entwickeln würden, konnte man also bereits wissen.

Mit der Bauleitung wurden die Wiener Architekten und Theaterbauspezialisten Ferdinand Fellner und Hermann Helmer betraut, für die beiden Baumeister wohl die reinste Routine, denn das Schauspielhaus war das vierzigste Theater, das sie entwarfen, und gilt zudem als Kopie des Wiener »Deutschen Volkstheaters«. Allerdings waren die beiden Architekten es gewohnt, ihre Thea-

22 DEUTSCHES SCHAUSPIELHAUS, 1901

terbauten wirkungsvoll auf freien Flächen zu bauen; hier in Sankt Georg mussten sie das Gebäude in eine bestehende dichte Häuserzeile einfügen.

Am 15. September 1900 wurde das Deutsche Schauspielhaus unter der Leitung des ersten Intendanten, des Wiener Freiherrn Alfred von Berger, mit feierlichem Prolog – »Nur nach den höchsten Zielen / Darf hier der Künstler / Seine Blicke heben« – eröffnet (Abb. 22). Es bot 1800 Besuchern Platz und war von Beginn an das größte und nach dem damaligen technischen Stand auch das modernste Sprechtheater im deutschsprachigen Raum. In den Nischen der im Stil des Neobarocks und der Neorenaissance gestalteten Fassade befinden sich zwischen den Fenstern im ersten Stockwerk Büsten von Goethe, Schiller, Lessing, Kleist, Shakespeare und Grillparzer. Gekrönt werden die großen Dichter mit den von Carl Garbers entworfenen plastischen Gruppen der ernsten und heiteren Muse. Ziel dieser prachtvollen Gestaltung war es, das Publikum schon beim Anblick des Hauses aus dem Alltag zu entführen. Der Innenraum des Theaters wurde ganz im Stil des Rokokos ausgestaltet, das Hauptdeckengemälde gestaltete der Münchner Künstler Carl Marr. Es zeigt den Siegeszug des Apoll und die ihm dargebrachte Huldigung Hammonias, der Schutzpatronin der Hansestadt.

Einen prominenten Intendanten bekam das Haus mit dem umstrittenen, aber vom Publikum und der Presse gefeierten Gustaf Gründgens (Abb. 23), der das Haus von 1955 bis 1963 leitete. Einen Höhepunkt seiner

108 Intendanz stellte dann die Aufführung des »Faust« mit ihm als Mephisto

und Will Quadflieg in der Hauptrolle dar. Seine Nachfolger hatten es indes nicht leicht, an die Beliebtheit Gründgens' anzuknüpfen. Hinzu kam, dass die damals neuen Medien, wie Fernsehen und Kino, nun eine Konkurrenz des Theaters darstellten. Damit mag zusamenhängen, dass 1968 der Leiter der Fernsehspielabteilung des NDR Egon Monk (1927–2007) mit der Intendanz betraut wurde, die allerdings nach 74 Tagen wieder endete, da das Haus stets leer

23 GUSTAF GRÜNDGENS,
(1899–1963)

blieb. Die aktuelle Intendanz hat seit 2013 die Regisseurin Karin Beier inne.

1972 wurde das Schauspielhaus um die Bühne »Malersaal« erweitert, die bis heute jungen Regisseuren und Schauspielern Raum für experimentelles Theater bietet. In den 1980er Jahren empfand man das alte Theater als zu klein, aber für Anbauten war kein Platz vorhanden. So integrierte man das dahinterliegende alte Zollhaus am Hansaplatz für die Schaffung neuer Werkstätten für die Kulissenbauer und Bühnentechniker. Wenn man die Ellmenreichstraße in Richtung Hansaplatz entlanggeht, dann kann man den Zwischenbau betrachten. Für größere Anlieferungen kann sogar ein Lkw in das Verbindungsgebäude einfahren. Noch heute gilt das Deutsche Schauspielhaus mit seinen 1200 Plätzen als das größte Theater Deutschlands, seit 2013 wird es grundlegend renoviert.

Wir gehen nun die Kirchenallee ein kleines Stück weiter in Richtung Kirche entlang. Dort befindet sich das Hotel Reichshof.

8 HOTEL REICHSHOF

Der Bau des Hauptbahnhofs und der damit einhergehende Strukturwandel Sankt Georgs entfalteten sehr schnell ihre Wirkung, schon vier Jahre nach der Eröffnung des Bahnhofs öffneten sich 1910 die Tore des Hotels Reichshof (Abb. 24+25). Sein Gründer war der ehemalige Küchendirektor der HAPAG-Kreuzfahrtschiffe Anton-Emil Langer, und unter der Baulei-

24+25 HOTEL REICHSHOF, FASSADE HEUTE, LOBBY IN DEN 1950ER JAHREN

tung des Architekten Heinrich Mandix entstand ein im Reformstil, mit barocken und klassizistischen Anklängen gestalteter moderner Hotelneubau. Die sechsstöckige Herberge verfügte über fließendes Wasser aus einem hoteleigenen 160 Meter tiefen Brunnen sowie Telefonanschlüsse und elektrischen Strom in jedem Zimmer, ein eigenes Badezimmer hatten immerhin schon fünfzig Zimmer. Dies war um die Jahrhundertwende keineswegs Standard, das Reichshof zählte zu den modernsten Luxushotels Europas. Auch wurde in kluger Voraussicht bereits eine Autogarage eingebaut, und das Hotel verfügte über hydraulische Fahrstühle. In den 1920er Jahren wurde im Erdgeschoss die legendäre Hotelbar im Art-Déco-Stil eröffnet, in der später David Bowie am Flügel eine Musikeinlage gegeben hat. Verschiedene Tagungsräume und Restaurants, die unter anderem von eigens dafür beauftragten Schiffsausstattern den Speisesälen großer Luxusliner nachempfunden wurden und in denen bis zu 180 Personen Platz fanden, standen als Orte für Festivitäten jeder Art zur Verfügung.

Einen spektakulären Fund machten Bauarbeiter im Reichshof 1989. In einem im Krieg zugemauerten Raum im Keller des Gebäudes fanden sie unter anderem Silberbestecke, Servierplatten, schwere Flambierpfannen, mehrere komplette Porzellanservices und ein im feinsten floralen Jugendstil verziertes Bowlegefäß. Die insgesamt fast eintausend Teile waren hier zum Schutz vor den Bombardements versteckt und nach dem Krieg

110 scheinbar vergessen worden. Seit 1989 wurde das nunmehr denkmalgeschützte Hotel von dem Hotelkonzern »Maritim« geführt, dessen Pachtvertrag aber 2014 nicht mehr verlängert wurde. Wer das Haus nach der umfassenden Renovierung weiterführen wird, ist derzeit unklar.

Wir überqueren nun die Kirchenallee und begeben uns auf den Heidi-Kabel-Platz.

 **9** BIEBERHAUS

An der Stelle des heutigen Bieberhauses befand sich einst die »Knabenschule zu Sankt Georg«, nach deren Gründer und Direktor Theodor August Bieber das Konsortium benannt wurde, welches den imposanten Gebäudekomplex plante. Tatsächlich ist das Bieberhaus ebenfalls ein Ergebnis der durch den Bau des Hauptbahnhofs in Gang gesetzten Veränderungen Sankt Georgs, denn man suchte sich diesen Ort gezielt für ein ursprünglich geplantes Hotel aus, um in unmittelbarer Nähe des Bahnhofseingangs dem Hotel Reichshof als »vorgelagerte Gästefalle« die ankommenden Reisenden abzugreifen. Allerdings wurde der Plan aufgrund der Vielzahl an Hotels, die in jener Zeit an der Kirchenallee eröffnet wurden, wieder aufgegeben, und stattdessen baute man ein Kontorhaus mit einem umfangreichen gastronomischen Angebot im Erdgeschoss und Hochparterre.

Die Bauweise des siebengeschossigen Bieberhauses war Anfang des 20. Jahrhunderts eine vielbeachtete Innovation, das Gebäude wurde mittels einer Eisenbetonkonstruktion errichtet, welche man anschließend mit Kunstsandstein verschalte (Abb. 26). Die Fassade des trapezförmigen Gebäudes ist auf allen Seiten mit durchlaufenden Wandpfeilern versehen, die mit aufwendigen Skulpturen und Reliefs von Menschen, Tieren und Pflanzen dekoriert sind. Die Bauleitung hatten die Architekten Johann Gottlieb Rambatz und Wilhelm Jolasse, die ihr Büro nach der Fertigstellung 1909 auch selbst ins Bieberhaus verlegten.

Das gastronomische Angebot und die im Bieberhaus angebotenen Vergnügungen waren vielseitig: Gegenüber dem Schauspielhaus eröffnete

26+27 BIEBERHAUS MIT OHNSORG THEATER UND HEIDI-KABEL-STATUE

das Kino »City-Theater«, am Hachmannplatz das »Sankt Georg Porter Haus« und zur Bahntrasse gerichtet das mithilfe von 13 Säulen unterteilte überdimensionierte »Bieber-Café«, das aus mehreren Etablissements – einem weiteren Café, einer Herrenbar, einem Billardsaal, einem Kabarett und einem Tanzsalon – bestand.

Den Zweiten Weltkrieg überstand das Bieberhaus unbeschadet, und danach wurde in den Räumlichkeiten zunächst die Offiziersmesse der britischen Navy untergebracht. Aber schon bald und für einige Jahrzehnte verlor das Bieberhaus, wie das ganze Viertel, seinen mondänen Charme und konnte sich dem Abwärtssog des schmuddeligen Bahnhofsviertels nicht entziehen. Durch die »Aufwertung« Sankt Georgs hat nun aber auch das Bieberhaus wieder an Bedeutung gewonnen. Neben einigen Geschäften eröffnete hier 2011 das Ohnsorg Theater, dessen Bühne sich zuvor an den Großen Bleichen befunden hatte, und ein Teil des Hachmannplatzes wurde nun nach der 2010 verstorbenen Hamburger Volksschauspielerin Heidi Kabel benannt, zu deren Ehre man vor dem Haupteingang des Theaters eine lebensgroße Statue aufstellte (Abb. 27).

An dieser Stelle endet unser dritter Spaziergang. Um zur ersten Station des vierten Rundgangs zu gelangen, gehen wir um das Bieberhaus herum den Hachmannplatz entlang in die gegenüberliegende Straße Holzdamm bis hinunter zur Außenalster.

BARS / KNEIPEN / NACHTLEBEN

Daniel's Company

Kreuzweg 6

www.daniels-hh.com

→ *schwule Bar mit Tanzfläche*

Restaurant und Bierstube Nagel

Kirchenallee 57

www.restaurant-kneipe-hamburg.de

→ *»Kult« – und die wohl älteste Bierstube Sankt Georgs*

CAFÉS / RESTAURANTS

Chinarestaurant Mei Moon

Bremer Reihe 10

www.meimoon.de

→ *authentisches und bei Chinesen sehr beliebtes Restaurant mit reichhaltiger Speisekarte*

Restaurant Kantine

Kirchenallee 39

www.restaurant-kantine.de

→ *deftige Küche im Deutschen Schauspielhaus*

Restaurant Teheran

Adenauerallee 70

www.restaurant-teheran.de

→ *persisches Restaurant im alten Wachhaus*

LÄDEN

Apotheke am Hauptbahnhof

Steindamm 2

www.apothekeamhauptbahnhof.de

→ *traditionsreiche internationale Apotheke mit Beratung in zwölf Sprachen*

Buchhandlung Walther König

Steintorplatz

www.mkg-hamburg.de / de / besuch / buchhandlung.html

→ *große Auswahl internationaler Bücher zu Gebrauchskunst, Design, Mode, Fotografie im Museum für Kunst und Gewerbe*

Büchergilde

Besenbinderhof 61

www.buechergildehamburg.de

→ *Buchhandlung der bekannten Buchgemeinschaft mit überschaubarem Sortiment*

Edeka Lars Tamme

Wandelhalle im Hauptbahnhof

www.edeka-tamme.de / wandelhalle-hbf

→ *Supermarkt für den Notfall – sieben Tage die Woche geöffnet*

K Presse + Buch

Hauptbahnhof, Südsteg, Ausgang Steindamm

→ *gutsortierte Reisebuchhandlung*

P & B Presse/Buch
Wandelhalle im Hauptbahnhof
www.valoraretail.de
→ 6500 internationale Pressetitel und
Bücher im Hauptbahnhof

Mutterland
Ernst-Merck-Straße 9
www.mutterland.de
→ Delikatessen und Biolebensmittel in
heimelig-modernem Ambiente mit kleinem
Café

HOTELS

Generator Hostel
Steintorplatz 3
www.generatorhostels.com
→ stylishes Hostel im ehemaligen Klockmannhaus

Hotel Village
Steindamm 4
www.hotel-village.de
→ plüschig-barocke Einrichtung aus einem
Bordell – zentrale Lage

KULTUR

**Museum für Kunst und
Gewerbe**
Steintorplatz
www.mkg-hamburg.de
→ eines der führenden Museen für ange-
wandte Kunst in Europa mit wechselnden
Sonderausstellungen

Ohnsorg Theater
Heidi-Kabel-Platz 1
www.ohnsorg.de
→ traditionsreiches Hamburger Theater mit
überwiegend plattdeutschen Stücken

Deutsches Schauspielhaus/MalerSaal
Kirchenallee 39
www.schauspielhaus.de
→ Deutschlands größtes Sprechtheater

Kunsthalle Hamburg
Glockengießerwall
www.hamburger-kunsthalle.de
→ sieben Jahrhunderte Kunstgeschichte in
drei Häusern

SOZIALES / NON-PROFIT

**Bahnhofsmission
Hamburg**
Steintorwall 20
www.bahnhofsmission-hamburg.de
→ Hilfsangebote für alle Hilfebedürftigen

**Hamburger Landesstelle für
Suchtfragen e.V.**
Repsoldstraße 4
www.sucht-hamburg.de
→ Beratungsstelle für verschiedene Sucht-
problematiken und Suchtprävention

Verbraucherzentrale Hamburg e.V.
Kirchenallee 22
www.vzhh.de
→ allgemeine Verbraucherberatung

LEUTE AUS SANKT GEORG

Die Schauspielerin MONICA BLEIBTREU wurde 1944 in Wien geboren und stand bereits als Kind auf der Bühne. Am Wiener Max-Reinhardt-Seminar studierte sie Schauspielerei und war in zahlreichen Theater- und Fernsehproduktionen zu sehen. Ein breites Publikum lernte Bleibtreu, die zwischen 1993 und 1998 einen Lehrstuhl für Schauspielerei an der Hochschule für Musik und Theater Hamburg innehatte, durch das Doku-Drama über die Familie Mann kennen, wo sie Thomas Manns Ehefrau Katja spielte. Ihr Sohn Moritz ist ebenfalls ein bekannter Filmschauspieler. Monica Bleibtreu starb 2009, ihre letzten Lebensjahre verbrachte sie in ihrer Wohnung in der Langen Reihe.

Der Schriftsteller, Journalist und Friedensnobelpreisträger CARL VON OSSIETZKY wurde 1889 in Hamburg geboren. Ossietzky war Pazifist und schrieb politische Artikel für verschiedene Zeitschriften und Zeitungen, unter anderem für »Die Weltbühne«, deren Leitung er 1927 übernahm. Ein Artikel über die Aufrüstung der Deutschen Reichswehr brachte ihm 1929 eine anderthalbjährige Haftstrafe ein, nach der Machtergreifung der Nationalsozialisten wurde er 1933 erneut verhaftet und in das Konzentrationslager

Esterwegen deportiert. Dort durchlitt Ossietzky Folterungen und wurde zum Arbeitseinsatz in den Hochmooren gezwungen, wobei er an Tuberkulose erkrankte und schließlich 1938 in Berlin starb. In den Jahren zwischen 1913 und 1916 lebte Carl von Ossietzky mit seiner Frau Maud in der Schmilinskystraße 6. Nach ihm wurde ein Platz an der Langen Reihe benannt.

Der Rockmusiker UDO LINDENBERG wurde 1946 im westfälischen Gronau geboren. Seine Musikkarriere begann er in den 1970er Jahren mit der Band »Free Orbit«. Dem breiten Publikum wurde er spätestens 1983 mit dem Lied »Sonderzug nach Pankow« bekannt, in dem er sein Auftrittsverbot in der DDR besang. Noch im selben Jahr konnte er dann im Berliner Palast der Republik auftreten. Neben der Musik beschäftigt sich Lindenberg mit der Malerei. Seit 1995 lebt er als Dauergast im Hotel Atlantic, wo einige der Räumlichkeiten mit seinen »Likörellen« – Bilder, die er unter anderem unter Verwendung alkoholischer Getränke malt – geschmückt sind.

Die Naturschützerin, Autorin und Kanzlergattin HANNELORE »LOKI« SCHMIDT wurde 1919 in der Schleusenstraße in Hammerbrook als Tochter des Betriebselektrikers Hermann Glaser und der Näherin Gertrud Glaser geboren. Ihre Schulzeit absolvierte Loki Schmidt zunächst an der reformierten Schule Burgstraße, der heutigen Beruflichen Schule W8, und legte ihr Abitur an der Klosterschule ab. Nach einem Pädagogikstudium wurde sie Volksschullehrerin und heiratete 1942 den späteren Hamburger Innensenator und Bundeskanzler Helmut Schmidt. Zeitlebens interessierte sie sich für botanische Themen und forschte und publizierte in diesem Bereich. Dafür wurde sie mit zahlreichen Auszeichnungen geehrt und 2009 zur Ehrenbürgerin Hamburgs ernannt. Loki Schmidt starb 2010 in ihrem Haus in Langenhorn.

116 Der als eigenwillig geltende, sprachgewaltige Schriftsteller ARNO OTTO SCHMIDT wurde 1914 im Rumpffsweg 27 im »Kleine-Leute-Stadtteil« Hamm Unten geboren, wo er auch seine Kindheit verbrachte und die Volksschule für Jungen am Pröbenweg besuchte. 1928 zog die Familie nach Lauban/Sachsen, und Schmidt legte 1933 sein Abitur in Görlitz ab. Als Gegner des Naziregimes war Schmidt 1934 zum Abbruch seines Studiums gezwungen und arbeitete als Lagerbuchhalter in einer Textilfirma. Während des Kriegs in britische Gefangenschaft geraten, wirkte er als Dolmetscher bei den Alliierten. Erst 1947 begann er seine aktive Schriftstellerkarriere und wurde bald zu einem bekannten deutschen Literaten mit einer verschworenen Gefolgschaft. Nach mehreren Umzügen ließ sich Schmidt mit seiner Frau Alice 1958 in Bargfeld bei Celle nieder, wo er 1979 starb. Eine späte Würdigung erfuhr der Schriftsteller durch die Namensgebung des Vorplatzes der Zentralbibliothek am Hühnerposten, der seit 2004 Arno-Schmidt-Platz heißt.

Die Kabarettistin und Psychologin LISA POLITT wurde 1956 in Bomlitz im Heidekreis geboren und besuchte gemeinsam mit Ernst-Johann »Ernie« Reinhardt, der später unter dem Namen Lilo Wanders bekannt wurde, das Gymnasium. Mit ihrem Lebensgefährten Gunter Schmidt gründete sie 1984 in Hamburg die Kabarettgruppe »Herrchens Frauchen«, seit 2003 betreibt sie mit ihm am Steindamm das Kabarett »Politbüro«. Politt wurde mit vielen Auszeichnungen, unter anderem dem Deutschen Kleinkunstpreis und dem Deutschen Kabarettpreis, geehrt.

Der Schriftsteller und Maler HANS LEIP wurde 1893 in der Freiligrathallee 7 in Hohenfelde geboren. Kurze Zeit später bezog die Familie eine Wohnung in der Langen Reihe 91 und wechselte im Jahr 1900 in die Alexanderstraße. Leip verbrachte seine Kinder- und Schulzeit in Sankt Georg, ließ sich zum

Volksschullehrer ausbilden und wurde während des
Ersten Weltkriegs so schwer verletzt, dass er bald
wieder aus dem Militärdienst entlassen wurde.
1914 schrieb Leip sein wohl bekanntestes Gedicht
»Lilli Marleen«, das allerdings erst 1937 veröffent-
licht wurde und schließlich im Zweiten Weltkrieg
als Soldatenlied Weltruhm erlangte. Hans Leip bekam
neben etlichen Auszeichnungen vom Hamburger Senat
einen Professorentitel verliehen. Er starb 1983 in der Schweiz. Ihm zu
Ehren wurde eine Promenade in Övelgönne »Hans-Leip-Ufer« benannt.

FRIEDRICH WILHELM, kurz FRITZ SCHUMACHER wurde 1869 in Bremen geboren und
verbrachte aufgrund der beruflichen Tätigkeiten seines Vaters als Mi-
nisterresident einige Jahre seiner Kindheit in New York und in Bogota.
Er studierte Mathematik und Architektur in München und Berlin und
wurde 1899 Professor an der Technischen Hochschule in Dresden. 1909
folgte seine Berufung in die Leitung der Hamburger Baudeputation, wo
er bis 1920 als Direktor tätig war. Nach einem kurzen Intermezzo in Köln
wurde Schumacher 1923 Hamburger Oberbaudirektor und konzipierte
zahlreiche Bauten wie unter anderem Schulbauten, die Davidwache, das
Bernhard-Nocht-Institut und ganze Siedlungsviertel wie die Wohnbebau-
ung auf dem Dulsberg, die Jarrestadt in Winterhude
sowie ein Quartier in Barmbek-Nord. Schumacher
zeichnete sich durch seine vorausschauenden stadt-
planerischen Fähigkeiten aus, charakteristisch für
seine Bauten ist die variantenreiche Verwendung
des Backsteins. Seit 1913 bewohnte Schumacher das
Haus An der Alster 39.

JACQUES DE CHAPEAUROUGE wurde 1744 in Genf geboren. Nach dem Tod seines
Vaters, der die Familie mittellos zurückließ, musste er sich um das Fa-

milieneinkommen kümmern, bekam 1764 eine gutbezahlte Anstellung in einem Hamburger Handelshaus und zog mit seiner Familie zunächst nach Sankt Georg in die Lange Reihe. Nachdem er wohlhabend geworden war, kaufte er in Hamm ein Stück Land, das er nach englischem Vorbild in einen Landschaftspark, den späteren Hammer Park, verwandelte. Jacques Chapeaurouge starb 1805 auf einer Reise in die Schweiz, seine Enkeltochter Caroline Henriette heiratete den Syndicus Karl Sieveking und setzte mit diesem den Ausbau der Parkanlagen weiter fort.

Die Sängerin, Moderatorin und Autorin INA MÜLLER wurde 1965 in Köhlen/Wesermünde als vierte von fünf Töchtern in eine Bauernfamilie geboren. Zusammen mit Edda Schnittgard gründete sie 1994 das Musik- und Kabarettduo »Queen Bee«, das 2005 auseinanderging. Seit 2002 veröffentlichte Ina Müller eigene und hauptsächlich in plattdeutscher Sprache verfasste Bücher und Lieder, bekam bald beim Norddeutschen Rundfunk eigene Sendungen wie »Inas Norden« oder »Land & Liebe« und wurde so einem breiten Fernsehpublikum bekannt. Daneben produzierte sie mehrere Alben, auf denen sie ironisch lebensnahe Situationen besingt. Besonders populär ist ihre Late-Night-Show »Inas Nacht«, in der sie biertrinkenderweise ihre prominenten Gäste interviewt und zum gemeinsamen Singen animiert. Diese Sendung brachte ihr unter anderem den Deutschen Fernsehpreis, den Grimme-Preis und den Deutschen Comedypreis ein. Ina Müller wohnt in der Langen Reihe.

Der Politiker JOHANNES ERNST OTTO STOLTEN wurde 1853 in Hamburg geboren. Er machte eine Lehre zum Schlosser und wurde 1874 auf seiner Wanderschaft überzeugter Sozialdemokrat. 1887 begann er mit der Arbeit in der Redaktion bei der linksliberalen Zeitung »Hamburger Echo«, machte sodann schnell Karriere in der SPD und zog für den Stadtteil Hammerbrook 1901 als erster Sozialdemokrat in die Bürgerschaft ein. 1919 wurde er Senator und bekleidete das Amt des Zweiten Bürgermeisters. Stolten war zudem Mitglied der Nationalversammlung der jungen Weimarer Republik. 1925 gab er seine politischen Ämter ab und blieb bis 1927 Bürgerschaftsabgeordneter. 1928 starb er. Stolten ist der Namensgeber einer hohen Ehrung, der Bürgermeister-Stolten-Medaille, die seit 1925 an engagierte HamburgerInnen verliehen wird.

Der Theater-/Filmschauspieler und Synchronsprecher ROLF BECKER wurde 1935 als Sohn eines Offiziers in Leipzig geboren und verbrachte die ersten Jahre seiner Kindheit bei den Großeltern in Schleswig-Holstein. Nach dem Abitur begann er 1957 eine Karriere an den Münchner Kammerspielen und wechselte nach verschiedenen Engagements 1971 an das Deutsche Schauspielhaus. Seitdem lebt er in Sankt Georg und arbeitet heute als freier Schauspieler. Seine Prominenz setzt Becker unter anderem für die Belange des Viertels ein. Er ist der Vater von Ben und Meret Becker, die beide ebenfalls erfolgreiche Bühnen- und Filmdarsteller sind. Becker lebt mit seiner Familie in der Koppel.

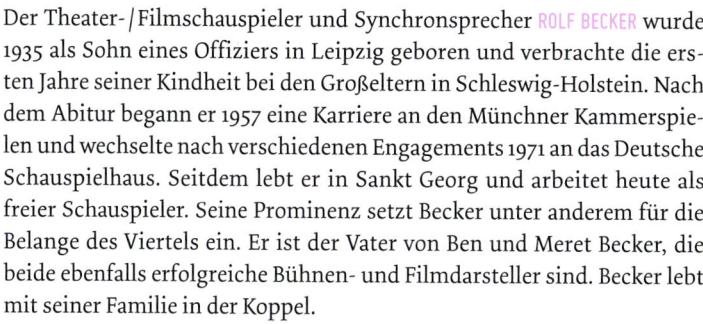

Die Schauspielerin, Autorin und Gerichtsreporterin RUTH PEGGY SOPHIE PARNASS wurde 1934 in Hamburg geboren. Ihre Eltern wurden im Vernichtungslager Treblinka von den Nationalsozialisten ermordet, mit einem Kindertransport gelangte Parnass nach Schweden und lebte später bei ihrem Onkel in London. Nach ihrem Studium arbeitete sie als Dolmetscherin, Schauspielerin und schließlich 17 Jahre als Gerichtsreporterin für die linke Zeitschrift »konkret«. Peggy Parnass wohnt in der Langen Reihe und setzt sich sehr für die Belange des Viertels ein.

SANKT GEORG — ZENTRUM

4

Hotel Atlantic ★ Lange Reihe ★ Sankt Mariendom ★ Hansaplatz ★ Steindamm ★ Sikh-Gemeindezentrum ★ Amalie-Sieveking-Stiftung ★ Merkez Camii (Centrum-Moschee)

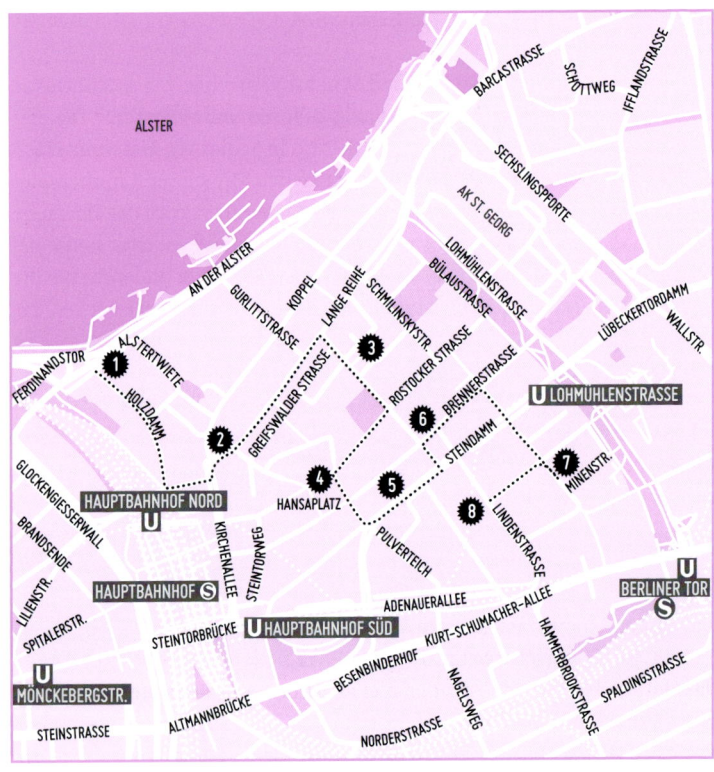

STARTPUNKT: Holzdamm, Ecke An der Alster (U-Bahn-Station Hauptbahnhof-Nord)
ENDPUNKT: Lindenstraße, Böckmannstraße (U-Bahn-Station Lohmühlenstraße)
DAUER: etwa 2 Stunden

Nachdem wir uns auf den letzten drei Rundgängen mehr oder weniger an den Rändern Sankt Georgs bewegt haben, geht es nun in das Zentrum des Viertels. Zunächst werden wir uns eines der mondänsten Hotels der Stadt etwas genauer ansehen und nehmen anschließend zwei historische Straßen in Augenschein, die sich über die Jahre sehr unterschiedlich entwickelt haben. Dabei stoßen wir auf das wohl älteste Haus Hamburgs, auf die Geburtsstätte Hans Albers' und auf das älteste (bis heute bestehende) Varieté-Theater Sankt Georgs. Wir werden erfahren, wo sich die Hamburger Katholiken nach jahrhundertelanger Einschränkung ihres Glaubens eine neue Kirche schufen, und auf dem Hansaplatz feststellen, dass Korruption und Bestechlichkeit keine Phänomene unserer Zeit sind. Außerdem statten wir der Wirkungsstätte einer mildtätigen Hamburger Frau einen Besuch ab.

Durch den Besuch eines Gemeindehauses der Sikhs sowie einer Moschee wird während dieses Rundgangs die religiöse Vielfalt Sankt Georgs anschaulich werden. Wir beginnen den Rundgang an der Außenalster am Holzdamm vor dem Hotel Atlantic.

1 HOTEL ATLANTIC

Das Hotel Atlantic ist ein Glanzpunkt des Übernachtungsgewerbes in Sankt Georg, der sich der Eröffnung des Hauptbahnhofs verdankt. Bevor das Hotel gebaut wurde, standen hier am Ufer der Außenalster kleine und beschauliche Wohnhäuser, und dort, wo sich heute das Hotel befindet, gab es am Holzdamm eine Anlegestelle für kleine Boote, die der Versorgung der Einwohner Sankt Georgs mit Holz und Torf diente. 1905 kaufte die »Berliner Hotelgesellschaft« nach und nach die Grundstücke auf und begann mit dem Bau einer Nobelherberge, die »ein höchst repräsentatives, in jeder Hinsicht modernes, auf höchste Behaglichkeit eingestelltes Haus« werden sollte. Nach nur zweijähriger Bauzeit wurde das neoklassizistisch gestaltete Luxushotel nach einem Entwurf der Architekten Friedrich Wellermann und Paul Fröhlich am 2. Mai 1909 eröffnet (Abb. 1). Die enormen Kosten für den Bau beliefen sich auf 14 Millionen Goldmark. Auch der legendäre Geschäftsführer der HAPAG, Albert Ballin (1857–1918), war an der Gründung des Hotels beteiligt, mit dem er in Hamburg eine gebührende Unterkunft für seine Erste-Klasse-Passagiere schaffen wollte. Der Name des Hotels hat allerdings, anders als oft vermutet wird, nichts mit dem atlantischen Ozean zu tun, sondern geht auf den Vornamen des ersten Hoteldirektors Atlantic Drasdo zurück.

Bei der Eröffnung verfügte das Haus über 250 Zimmer und stellte für insgesamt 300 Gäste Übernachtungsmöglichkeiten bereit. Die technische Ausstattung übertraf den damaligen Standard bei weitem, und das Grandhotel wurde zum Inbegriff für den Luxus und Genuss, dem sich die feine Gesellschaft der Vorkriegszeit hingab. Durch Albert Ballin wurde es zudem regelmäßig mit neuen Gästen versorgt, denn manch wohlhabende Passagiere der Hamburg-Amerika-Linie verbrachten hier ihre letzten Nächte vor der großen Überseepassage. Bei der Innenausstattung wurde allerdings auf den üblichen wilhelminischen Prunk verzichtet. Man gestaltete die Empfangshalle und die Zimmer zwar durchaus sehr nobel, aber ließ doch die Tradition hanseatischer Zurückhaltung und Gediegenheit walten. Die Ausstattung des Interieurs lieferte der damalige kaiserliche Hoflieferant Bauer aus Berlin, sodass im Foyer kein Weg am Porträt des Kaisers Wilhelm II. vorbeiführte, der, auf blaue Majolika-Kacheln gemalt, vom Kamin herunterblickte. Nach dem Ersten Weltkrieg, als aus dem Deutschen Kaiserreich eine Republik wurde, übermauerte man das Kaiserbildnis und vergaß es irgendwann. Erst bei Renovierungsarbeiten im Jahr 1979 wurde das Bild des Kaisers in seiner blauen Admiralitätsuniform wiederentdeckt.

1 HOTEL ATLANTIC, ANFANG DES 20. JAHRHUNDERTS

Die Liste der Berühmtheiten und Mächtigen, die im Hotel Atlantic abstiegen, ist lang. Unter anderem wohnten hier in den Vorkriegsjahren der Prince of Wales mit seinem Bruder, dem späteren König George VI. von England, der Autofabrikant Henry Ford, Kaiser Hirohito von Japan und der ägyptische König Fuad. Einen regelrechten Ausnahmezustand erlebte das Hotel im Februar 1939, als Adolf Hitler zum Stapellauf des Schlachtschiffs Bismarck nach Hamburg kam. Der Diktator nahm samt seinem Gefolge kurzerhand das ganze Haus in Beschlag und verwandelte es in einen Hochsicherheitstrakt, der von 500 Sicherheitsbeamten umstellt wurde. Die Gäste mussten während seines Aufenthaltes in andere Hotels umquartiert werden.

Während des Zweiten Weltkriegs blieb das Gebäude nahezu unbeschädigt. Aufgrund von Engpässen in der Wasser- und Gasversorgung musste das Atlantic aber für einige Wochen seinen Betrieb einstellen.

Restaurant Pforelle · Hotel Atlantic · Hamburg

Speisenfolge
à Convert Mk. 10.—

Oster-Vorspeise

Klare Hühnersuppe, schottisch

Rheinlachs in Chablis nach Sully

Edelwildkalbrücken, Rahmsauce
Frische Fjordbohl, Garnitur

Junger Landspargel, Holländische Sauce

Kapaun von Burgund am Spiess, gebraten
Salat Florerus

Ananasselcrême mit Erdbeeren
Feingebäck

Käsestangen
Tartaletten von Käse

Ostern
13. April 1914

Bei seiner Wiedereröffnung konnte man dann auf den Speisekarten (Abb. 2) den Zusatz lesen: »Die Möglichkeit eines Fliegeralarms zwingt uns, unsere verehrten Gäste um sofortige Bezahlung zu bitten.«

Nach dem Krieg übernahm das britische Militär das Haus und quartierte hier seine Offiziere ein. 1950 übergab die Armee das Atlantic wieder in deutsche Hände, und seit 1957 wird es von der Kempinski AG geführt. Der Hoteldirektor Karl Theodor Walterspiel, der das Haus zwischen 1968 und 1995 führte, stellte den alten Glanz des Grandhotels durch mehrere Investitionsprogramme wieder her. Einen Tiefpunkt erlebte das Hotel im Jahr 2009, als der Marketingverband »The Leading Hotels of the World« die Qualitätsstandards des Hauses als mangelhaft einstufte und das Atlantic seine fünf Sterne abgeben musste. Nach dem heilsamen Schock wurde das Hotel grundlegend saniert und erweitert und trägt nun wieder das Zertifikat »Fünf Sterne Superior«, seit 2012 steht es außerdem unter Denkmalschutz.

Buchstäblich großes Kino erlebte das Haus 1997, als hier Dreharbeiten zu einem James-Bond-Film stattfanden, in dem der 007-Darsteller Pierce Brosnan an der Weltkugel auf dem Dach des Hauses entlangkletterte. Ein weiterer berühmter Gast oder besser Bewohner des Atlantic war Udo Lindenberg, der hier schon seit zwanzig Jahren eine der Suiten gemietet hat.

Wir verlassen nun die Luxusherberge und gehen den Holzdamm in Richtung Hauptbahnhof wieder hinauf. Am Ende des Gebäudekomplexes des Atlantic befindet sich die Staatliche Handelsschule Holzdamm. In dieser Schule befand sich nach ihrer Errichtung von 1871 bis 1874 die

Klosterschule Sankt Johannis für Mädchen mit angeschlossenem Lehrerinnenseminar. Unmittelbar links vom Bieberhaus beginnt die Lange Reihe.

2 LANGE REIHE

Die Lange Reihe ist heute neben dem Steindamm eine der beiden Haupteinkaufsstraßen Sankt Georgs. Ihr Name hat einen recht profanen Hintergrund. Im Mittelalter waren befestigte Straßen noch nicht selbstverständlich, und wenn ein Gebiet neu bebaut wurde, dann errichtete man die Häuser zumeist nebeneinander in Reihe. Je nach Beschaffenheit dieser Häuserreihen erhielten sie ein charakteristisches Attribut, wie beispielsweise die »breite« oder eben die »lange« Reihe. Die Lange Reihe wurde bereits im 17. Jahrhundert einseitig bebaut, 1694 wird der Straßenname erstmals in einer offiziellen Quelle erwähnt. Damit ist die Straße neben dem Steindamm, der Rostocker Straße (früher Brunnenstraße) und der Brennerstraße eine der ältesten Straßen in Sankt Georg.

Anfangs baute man hier vornehmlich, ähnlich wie am Besenbinderhof, Gartenhäuser, deren Parzellen bis zur Außenalster reichten (Abb. 3). Bevor die Stadt Hamburg der wilden Bebauung ihrer Vorstadt durch eine Art Bebauungsordnung Herr zu werden suchte, war es jedem, der sich hier ein Grundstück kaufte, selbst überlassen, was er darauf errichtete. Erst als man Mitte des 19. Jahrhunderts Sankt Georg städtebaulich neu konzipierte, bekam die Lange Reihe ihr heutiges mehr oder weniger großstädtisches Gesicht (Abb. 4). Trotz dieser

3 GÄRTEN IN SANKT GEORG, 1838

4 LANGE REIHE, UM 1900

grundlegenden Umgestaltung haben sich aber noch einige Häuser aus früheren Jahrhunderten erhalten.

Gehen wir die Lange Reihe ein kleines Stück hinauf bis zur Hausnummer 30/32 (Abb. 5). Das Fachwerkhaus, das wir hier sehen, ist einer der letzten Zeitzeugen aus dem alten Sankt Georg und unterlag bei seinem Bau bereits dem neuen Ordnungsverständnis der Stadt. Laut dem »Contracten-Buch« erwarb 1797 ein Mann namens Christian Gottlieb Meiner das Grundstück und errichtete darauf zwei Jahre später das Gebäude. Meiner, der als Beruf Chirurg angegeben hatte, erhielt die Bauauflage, dass er Fenster nur an der Vorderfront, also zur Langen Reihe hin, und nach hinten zum Mittelweg, der heutigen Greifswalder Straße, einbauen durfte. Das lässt darauf schließen, dass die Stadtverwaltung Sankt Georg bereits um die Wende vom 18. zum 19. Jahrhundert städtisch bebauen lassen wollte. Im Laufe der Jahre wechselten die Besitzer des Hauses oft, und

5+6 LANGE REIHE NR. 30–32 UND NR. 61

es zogen unter anderem eine Schlachterei, ein Malergeschäft, ein Antiquitätenladen, ein Gemüseladen und in den 1980er Jahren eine Schnellreinigung ein. Dass dieses Haus die großen baulichen Umwälzungen der Gründerzeit, die beiden Weltkriege und die abrissfreudigen 1970er Jahre unbeschadet überdauern konnte, grenzt an ein Wunder. Erst Anfang der 1980er Jahre befand das Denkmalamt das Haus, das als einziges Giebelhaus aus der Zeit vor 1800 in Hamburg gilt, für schützenswert. Heute ist in diesem Gebäude unter anderem die AIDS-Hilfe Hamburg e.V. ansässig.

Ein noch weitaus älteres Gebäude findet sich in der Langen Reihe 61 (Abb. 6). Es ist mit hoher Wahrscheinlichkeit das älteste noch heute bestehende Haus der Stadt. Vor einer längst fälligen Sanierung im Jahr 1987 wurde eine gründliche Bausubstanzuntersuchung durchgeführt. Dabei konnten die Experten anhand einer Jahresringanalyse der hölzernen Deckenbalken das enorme Alter des Fachwerkhauses datieren, das im Jahre

1621 von einem reichen Hamburger Kaufmann als eine typische Gartenlaube errichtet wurde. Während der Renovierungsarbeiten wurden auch die durch Paneele abgehängten Decken wieder freigelegt, und in den oberen Stockwerken entdeckte man opulente, teils florale Barockbemalungen und üppige Stuckaturen, die vermutlich Ende des 17. Jahrhunderts entstanden. Nachdem das Haus seine Funktion als Gartenlaube verloren hatte, zogen hier unter anderem eine Töchterschule und anschließend verschiedene Handwerksbetriebe ein. Seine prominenteste Bewohnerin war wohl die Mutter des Hamburger Komponisten Johannes Brahms, die hier bis zu ihrem Tod 1865 lebte. Ende des 20. Jahrhunderts wurde das Erdgeschoss in Ladenlokale umgebaut. Heute ist hier ein Nähmaschinengeschäft untergebracht, das neben den Geräten auch Kurse rund um das Nähen und Handarbeiten anbietet.

Einige Hausnummern weiter, in der Langen Reihe 71, steht ein weiteres Gebäude, das eine Besonderheit parat hält. In diesem Haus wurde 1891 der Schauspieler Hans Albers geboren. Hans Albers war das jüngste von sechs Kindern des Schlachtermeisters Phillip Albers und seiner Frau Johanna, dessen Geschäft sich auf der rechten Seite des Hauseingangs befand. Auch wenn Hans Albers in Sankt Georg aufwuchs, machte er später nicht dieses Viertel, sondern mit seinem Lied »Auf der Reeperbahn nachts um halb eins« aus dem Film »Große Freiheit Nummer 7« Sankt Pauli weltberühmt. Noch einige Hausnummern weiter, in der Lange Reihe 91, verbrachte der Hamburger Dichter und Maler Hans Leip (1893–1983) seine Kindheit. Er wurde unter anderem mit dem Gedicht »Lilli Marleen« bekannt.

Die Lange Reihe entwickelte sich, wie fast das ganze Viertel, nach dem Zweiten Weltkrieg nicht zu ihrem Besten. Dem Verfall preisgegeben und als Schauplatz eines Straßenstrichs, den es hier noch bis weit in die 1990er Jahre gab, galt die Straße nicht unbedingt als gute Adresse. Durch die »Aufwertungsprozesse«, die Sankt Georg seit einigen Jahren durchläuft, ist die Lange Reihe aber wohl der erste Ort, an dem sich die Gentrifizierung kurz vor ihrem lehrbuchmäßigen Abschluss befindet. Die vielen kleinen Läden, Bars und Restaurants, die hier noch um die Jahrtausendwende ansässig waren, sind längst noblen Boutiquen und schicken Straßencafés gewichen (vgl. Exkurs Gentrifizierung). Die Ladenmieten sind heute fast nur noch für Geschäfte im höheren Preissegment und für etablierte Ladenketten erschwinglich. Und die Preise für Wohnraum steigen in dieser Straße natürlich ebenso stetig an.

Da sich Sankt Georg seit den 1960er Jahren zu einem – mittlerweile traditionellen – Schwulenviertel entwickelt hat, beginnt in der Langen Reihe alljährlich der Umzug zum Christopher-Street-Day. Etwas weiter die Straße hinunter befindet sich das Café Gnosa. Seine Geschichte wird in einem eigenen Themenkasten beschrieben (vgl. Exkurs Café Gnosa).

Gegenüber dem Geburtshaus von Hans Albers mündet die Danziger Straße in die Lange Reihe. Wir gehen diese nun bis zum Sankt Mariendom entlang.

CAFÉ GNOSA

Das Café Gnosa ist das wohl älteste noch bestehende Kaffeehaus in der Langen Reihe. 1939 übernahmen Elli und Gerhard Gnosa das bereits seit etwa 1900 bestehende Café mit hauseigener Konditorei. Dass sie es eher dunkel und »gemütlich« gestalteten, entsprach dem Zeitgeschmack. So waren vor den Schaufenstern zur Langen Reihe schwere Vorhänge angebracht, und die Fenster zum Hof, vor denen ebenfalls schwere Vorhänge hingen, bestanden aus einer grünen Bleiverglasung. Während des Kriegs konnten die Gnosas den Betrieb durchgehend aufrechterhalten, in den Bombennächten im Sommer 1943 verlor das Café lediglich einen Teil der rechten Wand im Eingangsbereich.

Nach dem Zweiten Weltkrieg war das Gnosa das erste Hamburger Café, das wieder Buttercremetorten anbot. Aus Erzählungen von Elli Gnosa ist überliefert, dass dieses Angebot für lange Kundenschlangen bis in die Schmilinskystraße sorgte. Neben Kuchen und Torten wurden aber auch damals schon einfache Gerichte angeboten. In den 1950er Jahren erwarb sich das gutbürgerliche Café einen eher zweifelhaften

Ruf, denn nun machten sich allmählich die gesellschaftlichen Veränderungen des Viertels nach dem Krieg auch im Gnosa bemerkbar. Erst vereinzelt, später in größerer Anzahl, waren hier Frauen anzutreffen, die ihre Haushaltskasse aufbessern wollten (oder mussten). Diese Art der Prostitution war gemeinhin als »Hausfrauenstrich« bekannt, dessen Kundschaft überwiegend aus Handelsreisenden bestand. Vollzogen wurden die Geschäfte dann im Stundenhotel an der Ecke Schmilinskystraße. Das Ehepaar Gnosa duldete das Gewerbe, und so wurde das Café bald zu einem Ort, den Kinder ohne Erlaubnis oder Begleitung ihrer Eltern nicht mehr betreten durften.

Nach dem Tod von Gerhard Gnosa im Jahr 1980 führte Elli Gnosa mit ihrer Tochter Edith Henfler als Konditorin den Familienbetrieb zunächst weiter, bis die beiden das Café 1987 schließlich an Kai Reinecke und den Chansonsänger(in) Effi Effinghausen übergaben, der allerdings bereits 1995 verstarb.

Beflügelt von der in jenen Jahren immer größer werdenden und selbstbewusst auftretenden schwulen Gemeinde in Sankt Georg befanden die beiden, dass es nun an der Zeit sei für ein schwul/lesbisches Kaffeehaus in der Langen Reihe und machten sich ans Werk. Die vorhandene Einrichtung wie etwa den Tresen, die Bestuhlung, die Lampen und die Wandgemälde aus den 1920er bis 1950er Jahren übernahmen sie und machten sie zu einem wichtigen Bestandteil ihres Geschäftskonzepts, das seinen Erfolg dem Charme eines unaufgeregten, mitunter wienerisch anmutenden Kaffeehauses im hanseatischen Stil verdankt. Die schweren Vorhänge vor den Schaufenstern zur Langen Reihe verschwanden, denn die Gay-Community im Viertel wurde nicht nur größer, sondern genoss die neue Sichtbarkeit und wollte sich bei Kaffee und Kuchen nicht mehr verstecken. Hinzu kam eine Außenbestuhlung. Als öffentlich einsehbares Schwulen- und Lesbencafé war das Gnosa das erste seiner Art in Hamburg und entwickelte sich schnell zu einem außerordentlich beliebten Treffpunkt.

Will man sich klarmachen, welch wichtige Rolle die Neueröffnung des Gnosa für die schwule Gastrolandschaft Hamburgs spielte, dann muss man sich auch vergegenwärtigen, dass die schwule Szene noch bis in die 1990er Jahre ihre Bars und Kneipen oft in verdunkelten Souterrainräumen, versteckten Hinterhöfen und hinter nicht einsehbaren Fassaden betrieb, zu denen häufig erst nach Klingeln und dem Öffnen einer Sichtklappe Einlass gewährt wurde. Durch seine »offene« Kultur war

CAFÉ GNOSA

das Gnosa seit 1987 tatsächlich wegweisend für eine veränderte Gastronomie in Hamburg und darüber hinaus.

Aber nicht nur aufgrund seiner stilvollen Einrichtung und der homosexuellen Kultur, sondern auch wegen seiner bis heute legendären Torten (sie werden immer noch von einem hauseigenen Konditor gefertigt) wurde das »neue« Gnosa über die Stadtteilgrenzen Sankt Georgs hinaus bekannt und beliebt. Und nach wenigen Jahren kamen dann auch nicht mehr nur schwule Männer und Lesben zum Kaffee, sondern das Publikum mischte sich. Heterosexuelle Gäste fanden sich nun genauso selbstverständlich zum Kaffeeklatsch ein wie die angestammte Szene, sodass die neuen Wirte alsbald Beschwerden von den schwulen Stammkunden zu hören bekamen, dass gerade sonntagmorgens die Tische von ganzen Familien besetzt würden. Dass dies tatsächlich ein Problem darstellte, kann Gründungswirt Kai Reinecke bestätigen: »Sonntags stehen die Heten (Kurzform für Heterosexuelle) früher auf, und die Schwulen, die länger schlafen, haben dann keinen Platz mehr bekommen.« Und so wurden auf einigen der Tische Kärtchen mit dem Hinweis »Reserviert für unsere schwulen, lesbischen Gäste und ihre Freunde« platziert – der Unmut war fortan abgestellt.

Im Zuge der »Aufwertung« der Langen Reihe hat sich auch die Besucherklientel des Gnosa verändert. In nahezu jedem Hamburger

Reiseführer wird heute auf das Café hingewiesen, und so besuchen nun neben der immer noch großen schwul/lesbischen Kundschaft aus Hamburg auch viele Touristen jeglicher geschlechtlicher Orientierung das Kaffeehaus. Eine Tradition hat sich indes von Beginn erhalten: Im Service des Gnosa arbeiten ausschließlich homosexuelle Mitarbeiter.

3 SANKT MARIENDOM

Als zu Anfang des 16. Jahrhunderts die Reformation nach Hamburg kam, brachen für die Katholiken schwere Zeiten an. Die vormals katholischen Gotteshäuser Hamburgs wurden fortan von den Protestanten genutzt, und ab 1529 wurde das Feiern öffentlicher katholischer Messen verboten. Zudem verloren die Hamburger Katholiken ihr Bürgerrecht und wurden aufgefordert, die Stadt zu verlassen. Um ihre Gottesdienste trotzdem abhalten zu können, nutzten sie unter anderem die portugiesischen und spanischen Gesandtschaftskapellen und konnten ab 1660 schließlich in die bis heute erhaltene Sankt-Joseph-Kirche in der Großen Freiheit (im damals noch dänischen Altona) ausweichen. Erst 1785 lockerte der Hamburger Rat seine rigide Politik, indem er eine dauerhafte Existenz der katholischen Gemeinde anerkannte und den Bau von Bethäusern erlaubte. In der Zeit der französischen Besatzung Hamburgs von 1806 bis 1814 wurde das Verbot für katholische Gottesdienste dann ganz aufgehoben, und die Katholiken bekamen wieder ein eigenes Gotteshaus, die katholische Kirche Sankt Ansgar und Sankt Bernhard, heute auch als der »Kleine Michel« am Rande der Neustadt bekannt.

Einen wahrhaften Boom erlebte die vormals recht überschaubare katholische Gemeinde im Zuge der Industrialisierung, denn durch den unaufhaltsamen Zustrom von Arbeitskräften, die teils von weither zuzogen, wuchs auch die Zahl der Katholiken rapide an. Dem Zuwachs der katholischen Gemeinde folgten schließlich auch andere konfessionsgebundene Einrichtungen wie Schulen und Krankenhäuser, etwa das Marienkrankenhaus (vgl. Rundgang 6, Marienkrankenhaus). Auch in Sankt Georg, wo sich etliche der neu nach Hamburg strömenden Menschen ansiedelten, vergrößerte sich die katholische Gemeinde stetig.

Auf dem vor uns liegenden Areal wurde in den 1860er Jahren zunächst ein Waisenhaus gebaut, in dem bis zu vierzig Kinder ein Zuhause fanden. Außerdem wurden in dem Haus eine Schule sowie eine Kapelle eingerichtet, die als Keimzelle der Sankt Georger Mariengemeinde angesehen werden kann, denn ihre Messe hielten die anwohnenden Katholiken nun hier ab. Noch heute steht das Gebäude des ehemaligen Waisenhauses links neben der Domkirche.

7 SANKT MARIENDOM

Knapp dreißig Jahre später, im Jahre 1889, wurde dann der Grundstein für die römisch-katholische Pfarrkirche Sankt Marien gelegt. Der Bau dieser doppeltürmigen Kirche im neuromanischen Stil wurde von dem Paderborner Kirchenbaumeister Arnold Güldenpfennig ausgeführt und war der erste katholische Kirchenneubau seit der Reformation auf hamburgischem Gebiet. Betrachtet man die Frontansicht der Kirche genauer, dann ist die Ähnlichkeit mit dem Bremer Dom kaum zu übersehen (Abb. 7). Und tatsächlich ist der Bau dem Dom zu Bremen nachempfunden, allerdings ist das Original deutlich größer und besteht überwiegend aus Sandstein. Am 28. Juni 1893 wurde die Sankt Marien-Kirche feierlich eingeweiht.

Vor dem Zweiten Weltkrieg bestand der heutige Vorplatz in dieser Form noch nicht. Die Danziger Straße war, wie das ganze Viertel, dicht

8 SANKT MARIENDOM, 1930ER JAHRE

mit Wohnhäusern bebaut. Und so entstand die Kirche etwas versteckt in einem Hinterhof (Abb. 8) und war von der Straße aus, auch wenn die Türme jeweils eine Höhe von 64 Meter aufweisen, nicht gleich zu sehen. Erst in den Bombennächten von 1943 verschwanden viele der umliegenden Häuser, unter anderem auch die Mietshäuser vor der Kirche, durch Bombentreffer komplett. Wie durch ein Wunder überstand die Sankt Marien-Kirche die Bombardements nahezu unbeschadet, den durch die Luftangriffe entstandenen Vorplatz ließ man nach dem Krieg frei.

Eine der vielen Besonderheiten im Inneren des Doms ist zweifellos das beeindruckende Altarmosaik der Marienkrönung, das dem Original aus der Santa Maria Maggiore in Rom nachempfunden wurde (Abb. 9). Es besteht aus etwa 2,5 Millionen Steinchen. Die zehn vielbeachteten Rundbogenfenster, die sich seitlich des Kirchenschiffs befinden, wurden in den 1960er Jahren von dem Künstler Johannes Schreiter gestaltet und beziehen

sich assoziativ auf die von dem alttestamentarischen Propheten Jesaja ge-
weissagte Geburt des Messias bis zur Passion Christi.

Als im Zuge der Wiedervereinigung die Bistumsgrenzen neu ausge-
richtet werden mussten, wurde Hamburg am 7. Januar 1995 von Papst
Johannes Paul II. zum Erzbistum erhoben. Zur Diözese gehört nun neben
Hamburg das Land Schleswig-Holstein und der Landesteil Mecklenburg –
flächenmäßig handelt es sich um das größte Bistum Deutschlands. In
Erinnerung daran errichtete 2007 der polnische Bildhauer Józek Nowak
eine Statue des Pontifex Maximus, die sich auf der rechten Seite des Doms
befindet (Abb. 11). Eine weitere Statue steht direkt auf dem Domplatz, ein
im Jahre 2000 von dem Künstler Karlheinz Oswald geschaffenes eisernes
Denkmal des Bischofs Ansgar (Abb. 12). Im Inneren des Doms werden in
einer Glasvitrine Teile des Unterarmknochens sowie unter dem Altar ein
Blutstropfen des mittlerweile heiliggesprochenen Ansgar aufbewahrt.
Ob diese beiden Reliquien tatsächlich von dem Hamburger Bischof des 9.
Jahrhunderts stammen, ist bis heute unklar, aber eine vor einigen Jahren
durchgeführte DNA-Analyse konnte immerhin beweisen, dass beide Körperteile ein und derselben Person zugeordnet werden können.

Zwischen 2007 und 2008 wurde der Dom grundlegend renoviert und
um die neue Domsakristei erweitert. Um angemessene Grabstellen für die
Erzbischöfe der Diözese zu schaffen, wurde auch die Krypta, die sich un-

9+10 SANKT MARIENDOM: BLICK ZUM ALTAR UND KRYPTA MIT URNENAUFBEWAHRUNG

11+12 STATUEN PAPST JOHANNES PAULS II UND DES HEILIGEN ANSGARS

terhalb des Altars befindet, neu gestaltet. Neben den bischöflichen Grabstellen wurden insgesamt 1560 Fächer für Urnenbestattungen geschaffen
(Abb. 10). Eine Besonderheit dieser Grabstätten ist, dass sich hier jeder,
egal welcher Konfession, bestatten lassen kann. Die Krypta kann während
der Öffnungszeiten des Doms jederzeit besucht werden.

Heute engagieren sich in der Gemeinde eine große Anzahl von Portu-
giesen und Kroaten, und neben deutschsprachigen Messen finden auch
Gottesdienste in diesen Sprachen statt. Außerdem können die Gläubigen
dieser beiden Nationalitäten ihre Beichte in den ebenfalls neugestalteten
Beichtstühlen in ihren jeweiligen Sprachen ablegen. Auf dem Gelände
befinden sich heute neben dem Bischofssitz und der Bistumsverwaltung
eine Bildungs- und Tagesstätte mit einem Priesterseminar, eine katholische Schule, die Verwaltung des Caritasverbandes sowie eine Einrichtung
für das betreute Wohnen älterer Priester. Insgesamt sind hier derzeit
knapp 150 Mitarbeiter beschäftigt. Und neu ist auch die Adresse der Kirche. Während sie seit ihrer Erbauung an der Danziger Straße 52 A bis 62
lag, heißt der Platz nun seit dem 1. Januar 2013 offiziell »Am Mariendom« –
und die Kirche trägt die würdige Hausnummer 1.

Wir gehen nun die Danziger Straße ein kleines Stück bis zur Kreuzung
Rostocker Straße entlang. In diese biegen wir rechts ein und folgen ihr bis
zum Ende.

4 HANSAPLATZ

Der zentrale und großzügig gestaltete Hansaplatz war seit Mitte des 19. Jahrhundert der Ausgangspunkt einer grundlegenden Neubebauung Sankt Georgs – der vormals hier befindliche Borgesch war 1873, nach einer umfassenden Enteignung und Umsiedlung der Bewohner, zu einem recht günstigen Preis von eineinhalb Millionen Mark an die »Hanseatische Baugesellschaft« verkauft worden (vgl. Exkurs Borgesch). Allerdings waren mit dem Verkauf einige Auflagen verbunden. Die Baugesellschaft musste verschiedene infrastrukturelle Maßnahmen wie die Errichtung von Gas- und Wasserleitungen, Straßen, Sielen und Straßenbeleuchtung vornehmen, die dann zwei Jahre nach Fertigstellung an die Stadt Hamburg übergingen. Aber der Deal lohnte sich für die Baugesellschaft, denn sie verkaufte die Grundstücke nach und nach auf dem privaten Markt und baute für die neuen Grundbesitzer rund um den Platz und in den angrenzenden Straßen bis zu fünfgeschossige Mietshäuser.

Ein Teil der sprudelnden Einnahmen aus diesem Geschäft wurde für den Bau des Hansabrunnens, der letztlich ebenfalls eine Bauauflage der Stadt war, verwendet. Da die Geschäfte mit dem Grund und dem Bau der Mietshäuser recht undurchsichtig waren und somit auch die Finanzierung des Brunnens, wurde die Fontäne von den Hamburgern bald »Spekulations- oder Korruptionsbrunnen« genannt. Die Planung und Durchführung des Brunnens, an dessen Stelle sich zuvor über Jahrhunderte die Wasserstelle des Borgesch befunden hatte, übernahmen die Architekten Heinrich Kayser und Karl von Großheim sowie der Bildhauer Engelbert Peiffer. Die feierliche Einweihung fand am 10. Juli 1878 statt.

Auf dem insgesamt 17 Meter hohen Brunnen, der die Wirren der Geschichte bis heute unbeschadet überstanden hat, thront die Hansa mit einem Dreispitz und einem Schiff, die die Stärke, Schönheit und Macht des Hansebundes symbolisieren sollen (Abb. 13). Im Sockel stehen vier Würdenträger: dem Hauptbahnhof zugewandt der heiliggesprochene

13+14 HANSABRUNNEN, 1878, UND WOHNHAUS ROSTOCKER UND BRENNERSTRASSE, 1943

Bischof Ansgar, in Richtung Alster Graf Adolf III. von Schauenburg und Holstein, nach dem Steindamm blickend Kaiser Konstantin der Große, der die Christianisierung des Abendlandes vorantrieb, und schließlich Karl der Große. Über den Herren wurden neben dem Hamburger Stadtwappen die Wappen Bremens und Lübecks, der beiden wichtigsten Handelspartner zu Zeiten der Hanse, sowie das Wappen des Deutschen Reiches angebracht. Ursprünglich sollten auf den Friesen um das große Becken am Fuß des Brunnens Darstellungen jener Berufe angebracht werden, die in den Jahrhunderten zuvor auf dem Borgesch ausgeübt wurden. Diese wurden aber nie fertiggestellt.

Mit der Planung und Bebauung des neuen Quartiers wechselte auch die Anwohnerschaft nahezu vollständig, denn die ursprünglichen Bewohner, die vormals auf dem Borgesch zuhause waren, konnten sich die neuen großbürgerlichen Wohnungen nicht leisten. Bereits 1893 waren die teilweise noch heute erhaltenen Mietshäuser am Hansaplatz fertiggestellt (Abb. 14). Für die Gestaltung des mondän wirkenden Platzes nahm man sich die Pariser Plätze der Belle Époque zum Vorbild. Die Fassaden wurden im Stil der Renaissance üppig gestaltet, an vielen von ihnen kann man heute noch die Jahreszahlen der Fertigstellung ablesen.

Während des Zweiten Weltkriegs wurde die Bebauung des Hansaplatzes an zwei Seiten komplett zerstört, auf eine besondere Ästhetik der Neubebauung legte man nach dem Krieg aufgrund des dringend benötigten Wohnraums keinen großen Wert (Abb. 15). So entstand in den 1950er Jahren das

15 HANSAPLATZ, 1970ER JAHRE

eher nüchtern wirkende Backsteingebäude zwischen der Rostocker und der Brennerstraße. Die zweite Baulücke wurde nach dem Krieg zunächst mit eingeschossigen Buden für verschiedene Gewerbeeinrichtungen bebaut, und erst in den 1980er Jahren errichtete man hier das heutige Miets- und Geschäftshaus. Seitdem ist der Hansaplatz baulich wieder vollständig geschlossen.

Bis zur Jahrtausendwende war der Platz, ähnlich wie der Lohmühlenpark und der Steindamm, ein Zentrum des Drogenumschlags, der Prostitution und einer größeren Trinkerszene, die sich vornehmlich am Brunnen traf. Da dies einen Anstieg der Kriminalität mit sich brachte, installierte man zwischen 2007 und 2009 an jeder Seite des Platzes Überwachungskameras, die von einer Bürgerinitiative »Kultur statt Kameras« mit kreativen Mitteln bekämpft wurden. Von 2009 bis 2011 wurde der Hansaplatz schließlich grundlegend saniert, wobei auch die Verbindungsstraßen beseitigt wurden, die vornehmlich als Straßenstrich genutzt worden waren.

Seit Beginn dieses Jahrhunderts verändert sich auch hier die Einwohnerstruktur wieder. Die anliegenden Gründerzeithäuser werden sukzessiv entkernt, teilweise sogar aufgestockt und zu hochpreisigen Eigentums-

140 wohnungen umgebaut. Derzeit kostet der Quadratmeter bis zu 6000 Euro, ein Preis, der mittlerweile das Niveau der Elbchaussee erreicht hat.

Wir gehen nun durch die anliegende Stralsunder Straße das kurze Stück zum Steindamm entlang.

 STEINDAMM

Der Steindamm ist eine der ältesten und geschäftigsten Straßen im Viertel. Historisch ist er die Hauptausfallstraße vom Steintor in das Hamburger Umland und nach Lübeck.

Als Sankt Georg noch dünn und ungeordnet besiedelt war, war der Boden hier sehr morastig. Trotz schlechter Befestigung handelte es sich bei der Verbindungsstraße nach Lübeck aber schon im frühen Mittelalter um die meistfrequentierte aus der Stadt hinausführende Straße. Um die schlechten Wegeverhältnisse zu verbessern, schüttete man 1539 hinter dem Steintor einen 800 Meter langen Damm auf und befestigte ihn mit Steinen, der heutige Straßenname ist aus dieser Baumaßnahme unschwer abzuleiten. Daneben besaß die Straße aber noch einen zweiten Namen: Als auf dem Köppelberg noch der Galgen stand, wurden die zum Tode Verurteilten über den Steindamm dorthin geführt, sodass die Straße im Volksmund auch der »Armesünderdamm« genannt wurde (vgl. Rundgang 2, Das Hochgericht).

Bis weit ins 19. Jahrhundert hinein war der Steindamm eine eher ländlich anmutende, überwiegend mit zweigeschossigen Fachwerkhäusern bebaute Straße. Erst im Zuge der Industrialisierung und nach dem Verkauf des Borgesch wurde damit begonnen, die vereinzelten Fachwerkhäuser abzureißen und die Straße mit fünfgeschossigen Etagenhäusern zu bebauen. Der enorme Zuzug nach Sankt Georg sorgte natürlich auch schnell für eine größere Nachfrage nach Konsumgütern, und so eröffneten in Sankt Georg immer mehr Läden und Geschäfte, die sich hauptsächlich am Steindamm ansiedelten. Aus dem Steindamm wurde nun eine der betriebsamsten Einkaufs- und Wohnstraßen der Stadt (Abb. 16).

16 STEINDAMM, UM 1900

Seit 1866 fuhr die erste Pferdeeisenbahn von Wandsbek kommend über den Steindamm in die Innenstadt. Ab 1879 löste eine Dampfeisenbahn die Pferde ab, und 1895 wurde die Strecke elektrifiziert. Durch die neue Verkehrsinfrastruktur wuchs nun die Bedeutung des Steindamms als Einkaufsstraße noch weiter, sodass bald auch Kunden aus den umliegenden Stadtteilen hierherkamen. Einen weiteren Schub erlebte die mittlerweile sehr populäre Straße durch die Eröffnung des Hauptbahnhofs. Neben den bestehenden Geschäften eröffnete nun eine Vielzahl an Hotels, Gaststätten und Unterhaltungseinrichtungen. Ein besonders beliebtes Ausgehlokal war das »Siegler«, eine Vergnügungsstätte mit einem Café, einem Varieté, einer Bar und einem Tanzsalon. Ein weiteres populäres und bis heute bestehendes Varietétheater, das Hansa Theater, wurde 1893 von Paul Wilhelm Grell am Steindamm 17 eröffnet. (Abb. 17). Der Theaterbetrieb wurde bis 2001 aufrechterhalten und musste zwi-

17+18 HANSA-THEATER, 1900, UND STEINDAMM HEUTE

schenzeitlich aufgegeben werden. Seit 2009 wird das Haus in den Wintermonaten wieder bespielt.

Anfang des 20. Jahrhunderts wurden beim Unterhaltung suchenden Publikum die Lichtspielhäuser immer beliebter. Um 1913 gab es in Hamburg bereits 71 Kinos, von denen sich allein sechs am Steindamm befanden. Die neue Möglichkeit der Zerstreuung erlebten die Zeitgenossen als sensationelle Innovation, bei den Vorführungen der Filme kam es allerdings für die Kinobetreiber zu manch kuriosen Engpässen. Der Zeitzeuge Werner Krüger beschreibt den Betrieb eines Kinos am Steindamm aus dieser Zeit sehr anschaulich:

»Man konnte für 34 Pfennige fast drei Stunden Programm sehen (ab 35 Pfennige musste man nämlich Steuern bezahlen). Die Filmkopien waren in der Zeit knapp, so mussten sogenannte ›Pendler‹ die abgelaufene Filmrolle auf dem schnellsten Wege zum Kino in der Nachbarschaft bringen, weil dort die vorherige Rolle ablief. Im ersten Kino z.B. legte der Vorführer den fünften Akt ein, während das Nachbarkino den vierten Akt einsetzen konnte. Um die Zeit mit dem anderen Theater pünktlich einzuhalten, musste das erste Kino manchmal anstatt mit 24 Bildern mit 50 Bildern in einer Sekunde den Film herunterrasen.«

Wo sich heute am Steindamm 77 eine Ladenzeile befindet, stand ab 1912 die Agudas Esau Synagoge. Hier fanden knapp 120 Gläubige Platz, genutzt wurde die Synagoge hauptsächlich von den Reisenden, die in den Hotels rund um den Hauptbahnhof abgestiegen waren. In der Reichspogromnacht wurde das jüdische Gotteshaus geschändet und anschließend in ein Wohnhaus umgewandelt, das dann schließlich im Zweiten Weltkrieg zerstört wurde.

Aber am Steindamm wurde nicht nur eingekauft, gebetet oder sich vergnügt, sondern auch, wie bereits geschildert, gewohnt. Ähnlich wie am Hansaplatz war der soziale Status der Einwohner in dieser Straße recht hoch. Viele Kaufleute, Beamte und Akademiker zogen in die großzügigen Gründerzeitwohnungen über den Geschäften, Bars und Restaurants, und so bekam der geschäftige Steindamm bis zum Zweiten Weltkrieg den Charakter eines quirligen Boulevards mit Weltstadtflair.

Das großstädtische Leben der Straße endete dann abrupt in den Bombennächten von 1943. Den Steindamm trafen die Einschläge besonders hart, das Gebiet von der Stralsunder Straße bis zum heutigen Lübeckertordamm lag anschließend vollständig in Trümmern. Noch während des Kriegs wurden am Steindamm provisorische Läden errichtet, und man baute Notunterkünfte. In den 1950er Jahren begann man schließlich mit dem Wiederaufbau, nahm aber bei der Errichtung der neuen Häuserzeilen auf den architektonischen Bestand der älteren, von den Bomben verschonten Gebäude zwischen Stralsunder Straße und Steintorplatz kaum Rücksicht (Abb. 18).

Nach 1945 konnte der Steindamm an die Weltläufigkeit der Vorkriegszeit nicht mehr anknüpfen und er verlor rapide an Bedeutung. Seit den 1960er

144

Jahren, als die ersten Migranten nach Sankt Georg kamen, installierten die überwiegend türkischstämmigen Neubürger in der Straße eine auf ihre Bedürfnisse zugeschnittene Infrastruktur. In den folgenden Jahren entwickelte sich die Straße zu einem weiteren Hotspot der Prostitution, und neben Gemüseläden und Spielhallen siedelten sich zahlreiche Sexshops an.

Auch wenn es auf den ersten Blick nicht so scheinen mag, macht die Aufwertung Sankt Georgs auch vor dem Steindamm nicht Halt. Im Gegensatz zur Langen Reihe, wo sich der Prozess in den üblichen Milieus abspielt, sind die »Aufwertungsprozesse« an dieser Straße besonders interessant zu beobachten, denn sie vollziehen sich vornehmlich innerhalb der migrantischen Kultur. So ist etwa in den vergangenen Jahren zu beobachten, dass immer neue und schickere internationale Restaurants und Läden eröffnet werden. Daneben knüpft der Steindamm mit seinem kulturellen Angebot aber auch an alte Traditionen an. Neben dem Hansa-Theater wurde unter anderem 2003 das Kabarett »Polittbüro« eröffnet. Auch hat das zwischenzeitlich geschlossene Savoy-Kino seinen Betrieb wieder aufgenommen. Und wenngleich auch nicht immer auf den ersten Blick sichtbar, hat sich hier eine Vielzahl von Moscheen angesiedelt (vgl. Exkurs Muslimisches Leben in Sankt Georg).

Wir verlassen nun den Steindamm und begeben uns in die parallel verlaufende Brennerstraße zu dem Gebäude mit der Hausnummer 27.

MUSLIMISCHES LEBEN IN SANKT GEORG

Als die Bundesrepublik zu Beginn der 1960er Jahre damit begann, ausländische Arbeitskräfte anzuwerben, siedelten sich viele der türkischstämmigen Migranten in Sankt Georg an, und es entstand ein vielfältiges muslimisches Leben, das den Stadtteil bis heute sichtbar prägt. Zu Anfang trafen sich die Gläubigen noch in improvisierten Räumlichkeiten am Steindamm, in der Böckmannstraße und am Hansaplatz, seit den 1970er Jahren richteten sie dann nach und nach Moscheen rund um den Steindamm ein.

Aus der anfangs kleinen Gemeinde ist inzwischen ein beachtlicher Bevölkerungsanteil der Hansestadt geworden: Heute leben in Hamburg knapp 150 000 Muslime, deren Gemeinden sich in insgesamt 53 Moscheen organisieren. Dreizehn davon sind in Sankt Georg angesiedelt, wobei es sich hauptsächlich um sunnitische Gebetshäuser mit insgesamt etwa 4000 Gebetsplätzen handelt. Die heute sichtbarste und zugleich älteste Moschee ist die Centrum-Moschee (Merkez Camii) in der Böckmannstraße mit ihren in grün-weißen Sechsecken gemusterten Minaretten.

Dass sich eine Vielzahl der Hamburger Moscheen, die von außen zumeist als solche kaum zu erkennen sind, in Sankt Georg ansiedelten, hat mehrere Gründe. Zum einen war Sankt Georg Anlaufstelle für Muslime unterschiedlicher Herkunft wie zum Beispiel Gläubigen aus den ehemaligen jugoslawischen Republiken, den arabischen Ländern oder von Albanern und Kurden. Zum anderen spielt aber auch die Nähe zum Hauptbahnhof eine Rolle, denn schätzungsweise nur noch fünf Prozent der Hamburger Muslime wohnen heute in Sankt Georg.

Die meisten der Moscheen im Stadtteil sind wie die Mehrheit der Hamburger Moscheen in der sogenannten Schura, dem Rat der Islamischen Gemeinschaften in Hamburg e.V., organisiert. Dieser Rat vertritt die muslimischen Interessen in Hamburg und war neben Vertretern anderer islamischer Vereinigungen einer der maßgeblichen Verhandlungspartner für den 2012 zwischen den islamischen Gemeinden und der Stadt Hamburg geschlossenen Staatsvertrag. Der Vertrag ist der erste seiner Art in Deutschland und bringt zum Ausdruck, dass der Islam Bestandteil der hiesigen Gesellschaft ist – mit allen verfassungsrechtlich garantierten Rechten und Pflichten. Unter anderem sind nun islamische Feiertage den kirchlichen Feiertagen der Christen rechtlich gleichgestellt, und die Muslime haben ein Recht darauf, an diesen Tagen freizunehmen. Ein weiterer wichtiger Passus ist die Einführung des islamischen Religionsunterrichts an Hamburger Schulen.

Einen dramatischen Einschnitt für das muslimische Leben im Stadtteil bedeuteten die Anschläge vom 11. September 2001 auf das World Trade Center in New York und das Pentagon in Washington. In der al-Quds-Moschee (zu Deutsch Jerusalem-Moschee) am Steindamm hatten sich zuvor mehrere der Attentäter, unter anderem Mohammed Atta, regelmäßig getroffen. Das Gebetshaus stand deshalb fortan unter besonderer Beobachtung der Hamburger Sicherheitsbehörden, bis es schließlich 2010 wegen des Verdachts auf dschihadistische Aktivitäten geschlossen wurde.

Die Gemeinden anderer Moscheen, insbesondere die der Merkez Camii, gingen nach den Anschlägen schnell an die Öffentlichkeit, um dem wachsenden Misstrauen gegenüber den islamischen Gemeinden entgegenzuwirken. Allerdings waren diese Bemühungen nur bedingt erfolgreich, da Teile von Presse und Politik sowie ein erheblicher Anteil der Bevölkerung die Muslime seitdem unter Generalverdacht stellt. Viele Muslime und muslimische Vereinigungen standen zudem fortan unter der Beobachtung des Verfassungsschutzes. In jüngster Zeit haben sich auch in Sankt Georg neue militante Strömungen, die weltweit im Namen des Islams agieren, bemerkbar gemacht und lieferten sich schwere gewaltsame Auseinandersetzungen mit rivalisierenden Gruppen.

Das alltägliche muslimische Leben in Sankt Georg vollzieht sich indes in seinem üblichen Rhythmus. Zum einen kann man allwöchentlich die vielen Gläubigen beobachten, die jeweils mittags das Freitagsgebet besuchen. Ein weiterer sichtbarer Hinweis des muslimischen Lebens im Viertel ist jedes Jahr die Fastenzeit des Ramadans, was zu Deutsch »Der heiße Monat« bedeutet. Der Ramadan ist neben dem Glaubensbekenntnis, dem Gebet, der Armenabgabe und einer Pilgerfahrt zu der heiligen Stätte Mekka eine der fünf Säulen des Islams und wird immer im neunten Monat des islamischen Mondkalenders gefeiert. Die Gläubigen dürfen in dieser Zeit zwischen Sonnenaufgang und -untergang keine feste und flüssige Nahrung oder andere Genussmittel

zu sich nehmen und müssen während dieser Zeit auch sonst enthalt-
sam sein. Nach Sonnenuntergang erleben die Restaurants und Cafés,
insbesondere rund um den Steindamm, dann einen regelrechten Run
auf ihre Auslage. Am Ende der Fastenzeit steht der zweithöchste religiöse Feiertag der Muslime: das Ramadanfest, im Volksmund auch als
»Zuckerfest« oder auf Türkisch als »Bayram« bekannt. Das höchste
islamische Fest ist das Opferfest, das siebzig Tage nach dem Ramadanfest gefeiert wird. Hier sind die Gläubigen aufgefordert, sofern sie es
sich leisten können, ein Tier zu schlachten und das Fleisch an Famili-
enangehörige, Nachbarn und Bedürftige zu verteilen.

6 SIKH-GEMEINDEZENTRUM

Angesichts der überschaubaren Größe Sankt Georgs hat sich im Stadtteil
in den letzten Jahrzehnten eine erstaunlich große religiöse Vielfalt entwickelt. Neben der evangelisch-lutherischen Gemeinde der Dreieinigkeitskirche, der katholischen Gemeinde Sankt Marien samt Erzbistum und
einer großen muslimischen Gemeinde befindet sich in dem Gebäude,
vor dem wir nun stehen, seit 2007 das Gemeindezentrum Gurdwara Guru
Nanak Niwas der Sikhs. Das Wort »Gurdwara« bedeutet so viel wie »Tor
zum Guru«, das Wort »Sikh« lässt sich mit »Schüler« übersetzen.

Der Sikhismus ist eine monotheistische Religion, deren Ursprung in
Nordindien liegt. Sie verbindet Elemente aus der indischen Tradition und
dem Islam, im Gegensatz zum Buddhismus und Hinduismus verfügt sie
nur über einen – ewigen und nicht darstellbaren – Gott. Im Buddhismus
sind Götter sterblich, und der Hinduismus kennt viele Götter.

Den Aufzeichnungen zufolge wurde der Sikhismus im Jahre 1469 von
dem Guru Nanak begründet und im Lauf der Jahrhunderte von seinen
insgesamt neun Nachfolgern weiterentwickelt. Die Sikhs glauben an die
Einheit der Schöpfung und lehnen jeglichen Aberglauben, traditionelle
religiöse Riten, soziale Hierarchien wie das Kastensystem und die Askese

148 grundsätzlich ab. Fünf Merkmale, sogenannte Kakars, kennzeichnen einen traditionellen Sikh, die sich freilich nicht alle auf der Straße beobachten lassen: Aus Ehrerbietung vor der Schöpfung tragen die Sikhs ungeschnittenes Haar, das sie unter einem Turban tragen. Unter diesem Turban bewahren sie zur Haarpflege einen Kamm auf. Des Weiteren legen sie einen eisernen Armreif zur Abwehr von Hieben an. Außerdem gehört zur traditionellen Ausstattung ein Dolch, um Schwache und Unschuldige zu verteidigen (Abb. 19). Zur sexuellen Mäßigung tragen die Sikhs Unterwäsche, die bis zu den Knien reicht.

19 »KAKARS« DER SIKHS

Aktuell leben weltweit 23 Millionen Sikhs, davon etwa 10 000 in Deutschland und um die 1500 in Hamburg. Jeden Sonntagmittag wird im Gemeindezentrum gemeinsam gebetet und gegessen. Besucher sollten keine Scheu haben, sich das Gemeindezentrum auch einmal von innen anzusehen, da die Sikhs zudem sehr gastfreundlich sind.

Wir gehen nun die Brennerstraße stadtauswärts entlang, bis wir die Kreuzung Stiftstraße erreichen. Hier biegen wir rechts ein, überqueren den Steindamm und gehen weiter, bis wir die Alexanderstraße passiert haben.

7 AMALIE-SIEVEKING-STIFTUNG

Das Gebäude in der Stiftstraße 65 ist ein weiteres beeindruckendes Beispiel für die Stiftungstradition Sankt Georgs. Amalie Sieveking (Abb. 20) wurde 1794 als viertes Kind des Senators Heinrich Sieveking und seiner Frau Louise geboren. Einige Jahre nach ihrer Geburt starb die Mutter und 1809 schließlich auch der Vater. Amalie galt als schwermütiges Kind und wurde von einer Cousine der Mutter aufgenommen, deren kranken Sohn sie unter anderem pflegte. Die frühe pflegerische Tätigkeit prägte Amalie Sieveking ihr ganzes Leben. Als junge Frau arbeitete sie in verschiedenen

Hospitälern und gründete mit zwölf weiteren Frauen aus der Oberschicht 1832 den »Weiblichen Verein für Armen- und Krankenpflege«, dessen Mitglieder sich laut Gründungssatzung »zum persönlichen Besuch der Armen und Kranken« verpflichteten, »um ihnen so viel als möglich leiblich und geistig aufzuhelfen«. 1976 wurde der Verein in Würdigung der Mitgründerin in »Amalie-Sieveking-Stiftung« umbenannt.

Nach seiner Gründung baute der Verein schnell ein Netzwerk aus verschiedenen vermögenden Spendern auf, zu denen unter anderem der reiche Bankier Salomon Heine gehörte. Acht Jahre später, im Jahr 1840, konnte er an dieser Stelle das Erste Amalienstift errichten. Das Grundstück wurde vom Hamburger Senat kostenlos zur Verfügung gestellt, die Bauleitung übernahm der bekannte Architekt Alexis de Chateauneuf. Das ausschließlich durch Spenden finanzierte Amalienstift war dazu bestimmt, »9 arme Familien aufzunehmen, gegen einen sehr geringen Mietzins, welcher dazu verwandt wird, das Haus in baulichem Stande zu erhalten. In diesem Stifte ist in dazu bestimmten Sälen die Einrichtung getroffen, erkrankte Kinder armer oder unbemittelter Eltern aufzunehmen, um ihnen die Pflege und Behandlung zu Theil werden zu lassen, welche ihr Zustand erfordert.«

In dem ersten, in Fachwerkbauweise errichteten Stiftsgebäude waren kleine Zweizimmerwohnungen, Arbeitszimmer, Badestuben und ein Kinderhospital untergebracht, nach dem Großen Brand wurden hier etliche obdachlos gewordene Hamburger aufgenommen (vgl. Rundgang 1, Kattenhof). Ab 1847 erfolgte eine Erweiterung des Amalienstifts durch neue Gebäude (Abb. 21). Amalie Sieveking starb 1859 und wurde nach ihrem eigenen Wunsch am 5. April in einem Armensarg im Familiengrab der Sievekings in Hamm unter großer Anteilnahme der Bevölkerung beigesetzt (vgl. Rundgang 6, Hammer Friedhof). Insgesamt vier Stiftungsgebäude, unter anderem das ursprüngliche Gebäude, überstanden den Zweiten Weltkrieg.

20 AMALIE SIEVEKING
(1794—1859)

150 Heute werden von diesem Standort aus die 157 Wohneinheiten der Stiftung für ältere Menschen organisiert und geleitet.

Wir kehren nun zurück bis zur Alexanderstraße und biegen in diese links ein. Am Ende der Straße erreichen wir die Lindenstraße.

8 MERKEZ CAMII (CENTRUM-MOSCHEE)

Die »Merkez Camii«, wie die Moschee auf Türkisch heißt, vervollständigt unsere Begegnung mit den großen Religionen und ihren Bauten im Stadtteil Sankt Georg. Das wohl sichtbarste islamische Gebetshaus im Viertel ist eine der insgesamt dreizehn hier ansässigen Moscheen (Abb. 22).

Seit den 1960er Jahren kamen im Zuge des sogenannten Wirtschaftswunders etliche »Gastarbeiter« in die Bundesrepublik. Da das Quartier in den Jahrzehnten nach dem Krieg nicht zu den beliebtesten Wohnorten der Hamburger gehörte, standen hier recht große Wohnungen zu geringen Mieten leer, und so zogen viele der überwiegend aus der Türkei stammenden Migranten mit ihren Familien bald nach Sankt Georg. Im Laufe der Jahre wurde die islamische Gemeinde immer größer und machte sich schließlich daran, ein angemessenes Gebetshaus zu errichten. Zu diesem Zweck gründeten die Neubürger 1970 den Verein »Gesellschaft der türkischen Arbeiter in Hamburg und Umgebung zur Gründung und Errichtung einer Moschee« und trafen sich zum Gebet zunächst in eher improvisierten Räumlichkeiten wie beispielsweise in einem Gebäude am Hansaplatz oder im Keller einer ehemaligen Tankstelle am Steindamm sowie in einem Hinterhof in der Böckmannstraße. Als diese Behelfslösungen aufgrund der steigenden Mitgliederzahl nicht mehr ausreichten, erwarb der immer selbstbewusster werdende Verein 1977 schließlich das heutige Gebäude der Moschee, dessen Haupteingang sich an der Böckmannstraße befindet, und baute es (bis in die 1950er Jahre hatte sich hier das Hammonia-Bad, die Badeanstalt Sankt Georgs, befunden) vollständig in eine Moschee um. 1990 erfolgte der von dieser Stelle aus sichtbare Anbau mit Kuppel und Minaretten, die die Funktion des Gebäudes als islamisches Gebetshaus nun

21+22 AMALIENSTIFT UND CENTRUM-MOSCHEE

auch äußerlich kenntlich machen. Die stählernen Minarette wurden von der Traditionswerft J. J. Sietas KG gefertigt und gespendet, die ungewöhnliche, aus grün-weißen Sechsecken bestehende Bemalung des Künstlers Boran Burchhardt stammt aus dem Jahr 2009.

Die Freitagsgebete werden überwiegend in türkischer Sprache abgehalten, jedoch findet das Gebet, das für Besucher offen ist, jeden ersten Freitag im Monat auch auf Deutsch statt. Ferner bietet die Moschee nach Anmeldung Führungen für Gruppen an.

Der auf dem Gelände befindliche Lindenbazar ist ein Supermarkt und kooperiert in Belangen des wohltätigen Engagements mit dem inzwischen in »Islamische Gesellschaft Hamburg – Centrum-Moschee e.V.« umbenannten Verein. Ferner befinden sich auf dem Gelände auch ein Reisebüro, ein Frisör, ein Buchladen und ein Restaurant.

Das soziale Engagement dieser Unternehmungen wird auch darin deutlich, dass sie Angebote für die Berufsausbildung jugendlicher Migranten machen, die auf dem »Ersten Ausbildungsmarkt« oftmals benachteiligt werden. Dieses Engagement brachte den Betrieben 2007 den vom damaligen Bürgermeister Ole von Beust verliehenen Förderpreis »Vielfalt in Ausbildung« ein.

152

BARS / KNEIPEN / NACHTLEBEN
. . . .

Bar St. Georg
Lange Reihe 67
→ *kleine Kneipe mit interessantem
Publikum*

Frau Möller
Lange Reihe 96
www.fraumoeller.com
→ *Traditionskneipe mit kleinen Snacks*

M&V
Lange Reihe 22
www.mvbar.de
→ *urige Kneipe für Schwule
(und FreundInnen)*

Traumzeit
Hansaplatz 12
www.traumzeithamburg.de
→ *Bar, Lounge und Restaurant am
Hansaplatz*

CAFÉS / RESTAURANTS
. . . .

Café Bistro Curious
Hansaplatz 12
www.cafe-curious.eu
→ *kleines, gemütliches Café*

Café Gnosa
Lange Reihe 93
www.gnosa.de
→ *Sankt Georger Traditionscafé mit eigener
Konditorei*

Café Uhrlaub
Lange Reihe 63
www.cafeuhrlaub.de
→ *alteingesessenes Café fürs metrosexuelle
Publikum*

Caravela
Lange Reihe 13
→ *portugiesisches Café mit großer Auswahl
an Kuchen und kleinen Snacks*

Casa di Roma
Lange Reihe 76
www.casadiroma.eu
→ *schickes italienisches Restaurant*

Central
Lange Reihe 50
www.central-hamburg.de
→ *Biofleischgerichte und mediterrane
vegetarische Speisen*

Dostana Asia
Hansaplatz 1
→ *indisches Restaurant am Hansaplatz*

Hans im Glück
Lange Reihe 107
www.hansimglueck-burgergrill.de
→ *vielfältige und frisch zubereitete Burger
in einer alten Turnhalle*

Il Buco
Zimmerpforte 5
→ *kleines Restaurant einer italienisch
kochenden Polin*

Kabul
Steindamm 53
www.kabul-restaurant.com
→ *afghanisches Buffetrestaurant*

La Famille
Lange Reihe 77
→ *leckere Croques und Salate*

XIV Heilige
Hansaplatz 14
→ *spanische Spezialitäten*

LÄDEN

Aladin Center
Steindamm 9
www.aladincenter-steindamm.de
→ *Riesensortiment an Mode, Schmuck und Geschenkartikeln*

Alles Käse & Co
Ellmenreichstraße 28
www.alles-kaese-und-co.de
→ *kleiner Laden mit großer Auswahl regionaler Spezialitäten*

The Art of Hamburg
Lange Reihe 48
www.the-art-of-hamburg.de
→ *Mode und Hamburg-Accessoires aus eigener Herstellung*

Blendwerk
Lange Reihe 73
www.blendwerk-hamburg.de
→ *Papeterie, Postkarten, Geschenke*

Bruno's
Danziger Straße 70
www.brunogmuender.com
→ *schwules Kaufhaus mit reichhaltigem Angebot*

Dr. Robert Wohlers & Co
Lange Reihe 38
→ *gutsortierte Buchhandlung und Antiquariat mit freundlicher Beratung*

Global Village Reisen
Lange Reihe 34
www.global-village-reisen.de
→ *schwules Reisebüro*

Kaufhaus Hamburg
Lange Reihe 70
www.kaufhaus-hamburg.de
→ *umfangreiches, hochwertiges Sortiment mit Produkten ausschließlich von Hamburger Herstellern*

Meister Lalla
Lange Reihe 28
www.meister-lalla.de
→ *alteingesessener Meisterbetrieb für mechanische und antike Uhren*

Lagerhaus
Lange Reihe 27
www.lagerhaushamburg.de
→ *Wohnaccessoires und Geschenke, mit kleinem Café*

154

Lindenbazar
Lindenstraße 41
www.lindenbazar.de
→ *großer orientalischer Supermarkt mit Reisebüro*

Niemerszein
Lange Reihe 110
www.niemerszein.de
→ *St. Georger Ableger des Hamburger Edeka-Filialisten*

Wonderland Hamburg
Lange Reihe 29
www.wonderland-hamburg.de
→ *Dies und Das zum Wohnen und Schenken*

HOTELS

Arcotel Rubin
Steindamm 63
www.arcotelhotels.com
→ *modernes Designhotel*

Hotel Atlantic
An der Alster 72–79
www.kempinski.com
→ *Hotel der Luxusklasse an der Alster*

Hotel City House
Pulverteich 25
www.cityhouse.de
→ *gemütliches Hotel in einer alten Stadtvilla*

Hotel Oase
Steindamm 79
www.hoteloase.de
→ *kleines internationales Hotel*

Ibis Hamburg Alster Centrum
Holzdamm 4
www.accorhotels.com
→ *praktisches Komforthotel gegenüber dem Atlantic*

Hotel Senator
Lange Reihe 18
www.hotel-senator-hamburg.de
→ *inhabergeführtes Hotel mit hanseatischem Flair*

Sarah K. Petersen
Lange Reihe 50
www.galerie-hotel-sarah-petersen.
hamburg-hotel.net
→ *stilvolles kleines Galerie-Hotel*

KULTUR

B20-Haus der Kreativität
Brennerstraße 20
→ *Treffpunkt für Künstler mit kreativen und sozialen Ideen*

Galerie mare Liberum
Hansaplatz 8
www.galerieml.de
→ *kleine Galerie am Hansaplatz – Künstler aus dem Ostseeraum*

Hansa-Theater

Steindamm 17

www.hansa-theater.de

→ *traditionsreiches Varieté-Theater*

Hosenstall Galerie

Ellmenreichstraße 28

www.hosenstall-gallery.de

→ *kleine New Art Off-Gallery*

Kulturladen Sankt Georg e.V.

Alexanderstraße 16

www.kulturladen.com

→ *Ausstellungen und Veranstaltungen
verschiedenster Art*

Das Polittbüro

Steindamm 45

www.polittbuero.de

→ *Kabaretttheater mit wechselnden
Stücken in einem ehemaligen Kino*

Savoy Filmtheater

Steindamm 54

www.hansa-theater.de

→ *Filme im Originalton*

SOZIALES / NON-PROFIT

**AIDS-Hilfe
Hamburg e.V.**

Lange Reihe 30

www.aidshilfe-hamburg.de

→ *umfangreiches Beratungsangebot
für Menschen mit der Immunschwächekrankheit*

BASIS-projekt

Pulverteich 17

www.basis-projekt.de

→ *Beratung und Hilfe für männliche
Prostituierte*

BHH Sozialkontor gGmbH

Holzdamm 53

www.bhh-sozialkontor.de

→ *Wohnangebote und Unterstützung
für Menschen mit Behinderungen und
psychischen Erkrankungen*

Hein + Fiete

Pulverteich 21

www.heinfiete.de

→ *schwuler Infoladen*

Lange aktiv bleiben LAB e.V.

Hansaplatz 10

www.lange-aktiv-bleiben.de

→ *Treffpunkt für Senioren*

Ragazza e.V.

Brennerstraße 19

www.ragazza-hamburg.de

→ *Beratungsstelle für drogenkonsumierende
Frauen, die der Prostitution nachgehen*

DER HAMMERBROOK

5

Münzviertel ∗ Ehemaliges Postamt Hühnerposten ∗ Deichtorhallen ∗ Oberhafenkantine ∗ Erste Banksbrücke/Hammerbrook-Schleuse ∗ Groß-markt Hamburg ∗ Mittelkanal/Hammerbrookstraße ∗ Georgsburg/ KZ Außenlager Neuengamme ∗ Kontorhaus Leder Schüler/Berliner Bogen

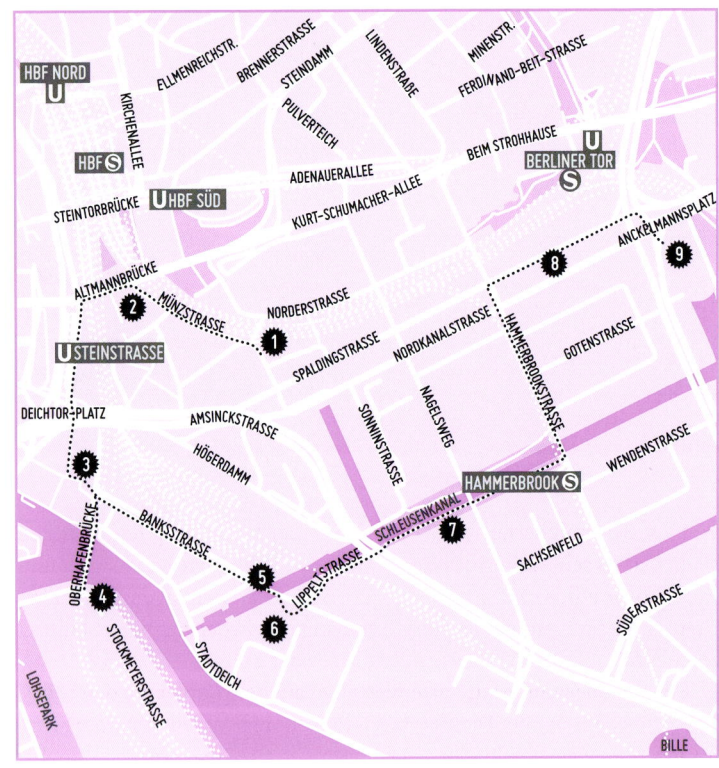

STARTPUNKT: Münzplatz (U-Bahn-Station Steinstraße)
ENDPUNKT: Anckelmannsplatz (U / S-Bahn-Station Berliner Tor)
DAUER: etwa 2 Stunden

Der Hammerbrook mag auf den ersten Blick nicht als das attraktivste Ziel für einen Spaziergang erscheinen, aber der Stadtteil hat weitaus mehr zu bieten, als sein rauhes, fast ausschließlich durch Industrie und Gewerbe geprägtes Äußeres vermuten lässt. Den Spaziergang beginnen wir, ähnlich wie den dritten Rundgang, mit der Tradition des Stadtteils als einer beschaulichen, von Gärten geprägten Gegend, erfahren etwas über die Geschichte der Geldprägung im Münzviertel, besuchen ein ehemaliges Postamt sowie einen alten und einen neuen Markt. Nach einem kurzen Stopp in Hamburgs wohl schrägster Kneipe begegnen wir zwei Drachen.

Außerdem besuchen wir das ehemalige Zentrum des einst am dichtesten besiedelten Stadtteils und eine sehr alte Schleusenanlage als stumme Zeitzeugin für die Jahrhunderte währenden Bemühungen, den Hammerbrook trockenzulegen. Aber auch einer Einrichtung der NS-Vernichtungspolitik statten wir einen Besuch ab. Abschließend werden wir den Bauwerken zweier Männer begegnen, die durch ihre Architektur das Gesicht der Stadt ihrer jeweiligen Epoche nachhaltig geprägt haben.

 **1 MÜNZVIERTEL**

Wie am Besenbinderhof befanden sich in der Umgebung des heutigen Münzplatzes seit Anfang des 18. Jahrhunderts zahlreiche Landhäuser und Villen sowie etliche Nutz- und Lustgärten. Die Gartenanlagen erstreckten sich von dieser Stelle entlang des Geesthangs bis in den heutigen Stadtteil Horn hinein (vgl. Rundgang 3, Besenbinderhof).

Einer der bekanntesten Gartenbetreiber auf dem Gebiet um den heutigen Münzplatz war der Dichter, Jurist und auf Lebenszeit ernannte Senator Barthold Heinrich Brockes (1680–1747). Brockes (gesprochen: Brooks)

1 MÜNZPRÄGEANSTALT NORDERSTRASSE,
IM HINTERGRUND DIE MÜNZBURG

war nicht nur ein bekannter Naturlyriker des Spätbarocks, sondern auch ein leidenschaftlicher Rosenzüchter und seine Zucht weithin bekannt. Die ehemalige Verbindungsstraße vom Besenbinderhof in die Marsch, die sich unweit unseres Standorts an der angrenzenden Repsoldstraße befindet, trägt noch heute den Namen Rosenallee. Im Zuge der Industrialisierung im 19. Jahrhundert verschwanden die großzügigen Gartenanlagen, weil der Hammerbrook und seine Umgebung mehr und mehr durch Wohnbauten und Gewerbeeinrichtungen erschlossen wurden.

Der Name Münzviertel geht auf die Hamburgische Münzprägeanstalt oder einfach »Münze« zurück, die 1875 an der heutigen Norderstraße in Betrieb genommen wurde, nachdem sie an ihrem alten Standort am Valentinskamp beim Großen Brand 1842 vollständig zerstört worden war. Die »Münze« war Teil einer über tausendjährigen Geschichte des Münzwesens in Hamburg. Im Jahr 834, einige Jahre nach der Errichtung der Hammaburg im frühen 9. Jahrhundert, wurde dem amtierenden Bischof Ansgar die Ausübung des kaiserlichen Münzrechts zugesprochen. Dem Schauenburger Graf Adolf III. wurde das Recht, Münzen zu prägen, 1189 durch Kaiser Barbarossa zuteil, und er errichtete in der gräflichen Neustadt die erste Münzprägeanstalt. Erst 1325 gingen das Prägerecht und die Prägeanstalt durch einen Aufkauf in die Hände der Stadt Hamburg über.

Im Münzviertel befand sich die »Hamburgische Münze« bis 1982 (Abb. 1), dann wurde sie an ihren heutigen Standort nach Meiendorf verlegt. Zu erkennen sind in Hamburg geprägte Euromünzen an dem ein-geprägten »J«. Die bis heute bekannteste Münzprägung der Hamburger Geschichte ist der seit 1553 hergestellte Portugaleser. Diese goldene Münze wird heute als Ehrenmedaille an verdiente Hamburgerinnen und Hamburger oder an Staatsgäste verliehen.

Während sich der Hammerbrook im 19. Jahrhundert rasant zu einem Arbeiterviertel mit dürftigen Wohnverhältnissen entwickelte, was ihm im Volksmund den Namen »Jammerbrook« eintrug, wurde rund um den Münzplatz zu dieser Zeit noch Wohnraum für eine bürgerliche Klientel gebaut. Das wohl sichtbarste Beispiel dafür ist die sogenannte Münzburg am Münzplatz 11.

Das Wohngebäude wurde 1886 von dem Architekten Johann Martin Brekelbaum im neogotischen Backsteinstil der zu dieser Zeit vorherr-schenden »Hannoverschen Schule« gebaut und ähnelt den Lagerhäusern in der Speicherstadt (Abb. 2).

Während der alliierten Bombardements im Zweiten Weltkrieg blie-ben im Münzviertel nur wenige Wohnhäuser stehen, die Überbleibsel sind heute inselartig zwischen verkehrsreichen Straßen und Trassen eingekesselt. Einen Eindruck davon, wie das ganze Viertel einmal aus-gesehen haben muss, bekommt man am ehesten, wenn man sich die Trassenbrücke wegdenkt und nur die noch bestehenden Gebäude ins Auge fasst.

Heute leben im Münzviertel knapp eintausend Menschen. Überwiegend Studenten, Künstler und ein paar Le-benskünstler haben sich hier angesie-delt, die Vielseitigkeit der Bewohner macht sich im Viertel bemerkbar. So befinden sich hier mehrere Galerien, verschiedene Bars und kleine Betriebe. Noch trägt der Nährboden zum Glück nicht die reifen Früchte der Gentrifi-

2 MÜNZBURG, 1890

zierung, wie es sich derzeit in Sankt Georg beobachten lässt (vgl. Exkurs Gentrifizierung).

Wir gehen nun die angrenzende Münzstraße zur Altmannbrücke hinauf und passieren dabei die Straße Hühnerposten, deren Name zugleich das umliegende Gebiet bezeichnet. Beim Aufstieg wird das Gefälle des Geestrückens deutlich spürbar. An der Altmannbrücke steht ein weiteres Baudenkmal, dem wir uns nun zuwenden.

2 EHEMALIGES POSTAMT HÜHNERPOSTEN

Was die Herkunft des seltsamen Straßennamens Hühnerposten angeht, gibt es mehrere Theorien. Einer Version zufolge soll sich an diesem Ort eine vorgelagerte Wachstation befunden haben – als es die Wallanlagen noch gab, verlief die Straße außerhalb Hamburgs –, die aufgrund ihrer Abgeschiedenheit bei den Wachleuten recht unbeliebt war. Nachts wurde der Posten bewacht, im Morgengrauen, also beim ersten »Hühnergegacker« des Tages, verließen die Posten die Station. Eine andere Theorie vermutet die Existenz einer Gaststätte, die sich im 17. Jahrhundert hier befunden haben soll, in der »die Bewohnerinnen aus der Deichgegend und von den Elbinseln beim Tanz ihre bunten Röcke fliegen (hühnergleich flattern) ließen«.

3 BAHNHOF KLOSTERTHOR, UM 1885

Bevor an dieser Stelle das Postamt erbaut wurde, befand sich unweit von hier das Gelände des Evangelischen Jungfrauenstifts Kloster Johannis. 1866 wurde der kleine Bahnhof Klosterthor gebaut (Abb. 3).

4 POSTAMT HÜHNERPOSTEN, 1904

Von diesem Kopfbahnhof aus konnte man von Hamburg nach Altona und nach Kiel reisen. Als dann Anfang des 20. Jahrhunderts der Hauptbahnhof eröffnete, wurde der Bahnhof überflüssig, ebenso wie der Lübecker, der Hannoversche und der Berliner Bahnhof (vgl. Rundgang 3, Hauptbahnhof). Zwischen diesen vier Kopfbahnhöfen, die allesamt nicht weiter als 600 Meter voneinander entfernt lagen, hatte eine Verbindungsbahn bestanden, mit der Reisende, die umsteigen mussten, den Bahnhof wechseln konnten. Aber nicht nur Personen wurden mit dieser Bahn befördert, sondern auch die Post.

Die Kaiserliche Oberpostdirektion, mit angeschlossenem Telegraphenamt und Paketpostamt, war 1887 am Stephansplatz, ganz in der Nähe des heutigen Dammtorbahnhofs eröffnet worden. Mit Pferdekutschen wurde die Post von diesem Verteilerzentrum zu den Bahnhöfen transportiert. Auf Dauer wurde dies der Post aber zu teuer, und noch während der Bauarbeiten am neuen Hauptbahnhof kaufte die Kaiserliche Post das rund 13 000 Quadratmeter große Gelände zwischen Münzstraße, Hühnerposten und der bereits vorhandenen Trasse auf dem ehemaligen Wallgelände. Das mit-

5 ZENTRALBIBLIOTHEK AM HÜHNERPOSTEN HEUTE

telalterlich anmutende Backsteingebäude mit Giebeldach und Türmchen, das bis heute bei den Hamburgern unter seinem inoffiziellen Namen Hühnerposten bekannt ist, wurde schließlich zwischen 1902 und 1906, unter Leitung des Baurats Paul Schuppan, auf dem Areal gebaut (Abb. 4).

Mit der Zunahme des Bahnverkehrs zeichnete sich auch eine rasante Steigerung der Zahl von Brief- und Paketsendungen ab, sodass Schuppan das Gebäude für weit größere Kapazitäten auslegte und es auch logistisch an die neuen Erfordernisse anpasste. So führte etwa ein eigens für das Bahnpostamt errichteter Trassenstrang bis ins Souterrain des Gebäudes. Bis heute wirkt sich dies auf die stadträumliche Situation am Hühnerposten aus – sein Vorplatz ist mehr oder weniger eine Brücke, und wo früher die Gleise verliefen, befindet sich heute eine Tiefgarage (Abb. 5).

Während des Ersten Weltkriegs wurde in dem Postgebäude am Hühnerposten eine Feldpostdienststelle eingerichtet, einige Jahre nach dem

Krieg wurde das Postamt dann trotz der weitsichtigen Planung für seine Zwecke endgültig zu klein. Da es zwischen den Straßen und Trassen eingekeilt war, bestand allerdings keine Möglichkeit, Anbauten zu errichten, sodass zwischen 1923 und 1927 das Giebeldach entfernt und das Gebäude um zwei Etagen aufgestockt wurde. Die Bauleitung übernahmen zwei Postbauräte – nach Fertigstellung war eine eigenwillige gotisierend-expressionistische Fassade mit den heute noch sichtbaren angedeuteten Giebelzinnen entstanden. Während der Bombennächte von 1943 wurden Teile der Fassade an der Südseite am Hühnerposten zerstört, die Reparatur des Schadens wurde, wie vielerorts in Hamburg, ganz nüchtern mit Klinkern ausgeführt.

Ende der 1990er Jahre verlagerte die Deutsche Bundespost ihr Brief- und Paketverteilerzentrum von hier auf andere Standorte in Altona, Harburg und Lübeck, und das Gebäude wurde verkauft. Nach einer umfassenden Sanierung zogen 2004 die Hamburger Bücherhallen und in die oberen Stockwerke das Goethe-Institut ein. Insgesamt 500 000 Medien aller Art locken jährlich über eine Million Besucher in die Zentralbibliothek, die der größte Standort der Hamburger Bücherhallen ist.

Durch die Umbauarbeiten entstand vor dem Gebäude ein großer Platz. Um einen geeigneten Namen für die Fläche zu finden, waren alle Hamburgerinnen und Hamburger aufgerufen, Vorschläge zu machen. Kandidaten wie »Kalter Platz«, »Zur Weitsicht« oder »Carpe diem Forum« wurden dabei ganz ernsthaft diskutiert. Letztendlich einigte man sich aber auf einen Schriftsteller, den in Hamburg geborenen Arno Schmidt (1914–1979). Eine Besonderheit sind die beiden bemalten Bronzefiguren, die gut sichtbar den Vorplatz schmücken. Sie heißen

6 PLASTIK »MANN + FRAU«
VON STEPHAN BALKENHOL

schlicht »Mann + Frau« und wurden 2007 von dem Künstler Stephan Balkenhol hier aufgestellt (Abb. 6).

Wir gehen nun über die Altmannbrücke in Richtung Innenstadt bis zur nächsten Kreuzung. Am Klosterwall biegen wir links ab und überqueren den verkehrsreichen Deichtorplatz bis zur Deichtorstraße. Dort befinden sich die unschwer zu erkennenden Deichtorhallen.

3 DEICHTORHALLEN

Auf dem Baugrund der Deichtorhallen verlief über Jahrhunderte die östliche Achse der Hamburger Wallanlagen, am südlichen Ende der heutigen Deichtorstraße befand sich das für das gesamte Areal namengebende Deichtor. Dieses Stadttor wurde erst 1673, lange nach der Errichtung des Befestigungsrings um die Stadt Hamburg, fertiggestellt und blieb bis zur Entfestigung des Walls im Jahr 1828 erhalten (vgl. Rundgang 2, Das Neue Werk). Durch das Deichtor gelangte man in das südöstliche Umland Hamburgs, die Innenseite des Torbogens schmückte ein bekannter Leitspruch der Hamburger: »Libertatem quam peperere maiores digne studeat servare posteritas« (zu Deutsch: Die Freiheit, die schwer errungen die Alten, möge die Nachwelt würdig erhalten). Heute kann man die Mahnung noch immer an der Fassade des Hamburger Rathauses lesen.

Nachdem das Deichtor abgetragen worden war, wurde 1842 an seiner Stelle zunächst ein Bahnhof für die Bahnstrecke von Hamburg nach Bergedorf errichtet. Die Eröffnung dieses Bahnhofs fand allerdings unter dramatischen Umständen statt, denn nur zwei Tage zuvor war einige Hundert Meter vom Deichtor entfernt der verheerende Hamburger Brand ausgebrochen (vgl. Rundgang 1, Kattenhof). Bei seiner Eröffnung erlebte der Bahnhof deshalb gleich eine Belastungsprobe, denn von dort aus wurden Löschgeräte und Feuerwehrleute aus dem Hamburger Umland in die verwüstete Stadt transportiert und die vielen Obdachlosen in ihre Notquartiere gefahren. Zum großzügigen »Berliner Bahnhof« wurde der Bergedorfer Bahnhof schließlich 1857 umgebaut, nachdem man die Strecke

7 MARKT VOR DEN IM BAU BEFINDLICHEN DEICHTORHALLEN, 1912

nach Berlin verlängert hatte. Dieser Teil Hamburgs war also schon seit langer Zeit eine sehr verkehrsreiche Gegend (vgl. Rundgang 3, Hauptbahnhof).

Einen weiteren Strukturwandel erlebte das Areal Anfang des vergangenen Jahrhunderts mit den sich ausbreitenden Wochenmärkten. Waren zuvor die Erzeugerangebote noch über den klassischen Straßenverkauf abgewickelt worden, so entstanden nun an zahlreichen Orten der Stadt Marktplätze. Die wichtigsten Großmärkte waren zu dieser Zeit die traditionellen Märkte am Hopfenmarkt, dem Meßberg und in der recht überschaubaren Markthalle am Pferdemarkt, dem heutigen Gerhart-Hauptmann-Platz an der Mönckebergstraße. Sie alle hatten sich im Laufe der Jahre zu Orten des Großhandels entwickelt, aber nun wurde der Ruf nach einem zentralen Großmarkt immer lauter. 1912 errichtete man deshalb an dieser Stelle, konzipiert und durchgeführt von dem Ingenieur-

8 DEICHTORHALLEN MIT »KÖRBER«-SKULPTUR

büro der Baudeputation und sehr wahrscheinlich unter der Leitung Fritz Schumachers, den Deichtormarkt (Abb. 7).

Der Standort war gut gewählt, denn einerseits lag er am Rande der Innenstadt und hatte andererseits eine gute Anbindung sowohl an den Hafen als auch an den neuen Hauptbahnhof. Gehandelt wurde vornehmlich mit Obst und Gemüse. Als die Markthallen schon nach kurzer Zeit zu klein geworden waren, erweiterte man die nördliche Halle 1914 um die doppelte Größe. Aber auch mit der neu ausgelegten Halle kam der Deichtormarkt schnell an seine Grenzen. Zwar gab es in den folgenden Jahrzehnten etliche Pläne für einen Neubau, aber die politischen und wirtschaftlichen Umstände ließen eine Realisierung nicht zu. Erst nach dem Zweiten Weltkrieg wurde Ende der 1950er Jahre damit begonnen, nicht weit entfernt einen neuen Großmarkt zu bauen (vgl. Station 6, Großmarkt Hamburg).

Bis in die 1980er Jahre hinein wurden die Deichtorhallen noch als Umschlagplatz für Blumen genutzt, dann folgten einige Jahre Leerstand, bis sie vor dem drohenden Verfall gerettet werden mussten und durch das Engagement des Unternehmers und Mäzens Kurt A. Körber neue Bedeutung bekamen. Dessen Stiftung baute die Hallen für 25 Millionen DM zu einem Ausstellungszentrum für internationale Kunst um, 2003 wurde aus der Südhalle das »Internationale Haus der Photographie«, das sich inzwischen zu einem weltweit beachteten Zentrum für Fotografie entwickelt hat.

Zwei dauerhaft installierte Kunstwerke findet man auf dem Platz vor den Hallen. Auf dem Zugang des Platzes stehen zwei elf Meter lange Stahlträger mit ineinander verschlungenen Kreisen (Abb. 8). Diese Skulptur wurde auf Wunsch von Kurt Körber 1989 zur Eröffnung der Hallen aufgestellt und war umstritten, weil die Form der miteinander verbundenen Ringe dem Firmenemblem seines Unternehmens, der Körber AG, ähnelt. Eine weitere Skulptur befindet sich zwischen den Hallen. Die drei ebenfalls elf Meter hohen Stahlplatten, die sich selbst zu tragen scheinen, wurden bereits 1980 von dem US-amerikanischen Künstler Richard Serra geschaffen und unter dem Namen Trade Worker Union (T.W.U.) ebenfalls 1989 hier aufgestellt (Abb. 9).

Die Deichtorhallen sind Bestandteil der Hamburger »Kunstmeile«. Auf ihr haben sich entlang des ehemaligen Wallrings verschiedene Kunstinstitutionen angesiedelt mit dem Ziel, eine Art lückenlosen Kunstparcours zu bilden. Diesem Ziel ist man bereits recht nahe gekommen, die Kunstmeile beginnt mit der Kunsthalle neben dem Hauptbahnhof, entlang der Strecke befinden sich – mit einem kleinen Schlenker – auch das Museum für Kunst und Gewerbe, die den Deichtorhallen gegenüberliegenden Räumlichkeiten des Kunstvereins in der Alten Markthalle sowie die Galerien im Münzviertel.

9 PLASTIK »T.W.U.« VON RICHARD SERRA

Um zur nächsten Station zu gelangen, gehen wir zwischen den beiden Hallen entlang. Hinter der Plastik von Richard Serra führt der Weg unter der Bahntrasse hindurch, wo wir ein kurzes Stück dem Verlauf der Banksstraße folgen, die vor dem Zweiten Weltkrieg die Hauptverkehrsstraße durch den Hammerbrook zu den Elbbrücken bildete. Hinter der Brücke geht rechts – am Fruchthof – eine kleine Straße ab, die zur Oberhafenbrücke führt. Diese überqueren wir und stehen nun vor einer der wohl skurrilsten Gastwirtschaften der Stadt.

 **4 OBERHAFENKANTINE**

Die kleine Wirtschaft wurde 1925 von dem Architekten Willy Wegner entworfen und als sogenannte Kaffeeklappe erbaut. Die Grundfläche des kleinen, im Stil des norddeutschen Backsteinexpressionismus errichteten Gebäudes beträgt nur 7,5 mal 3 Meter (Abb. 10). Der erste Eigentümer und Wirt Hermann Sparr bot hier für die Arbeiter im Hafen und auf den umliegenden Werften neben Kaffee und alkoholfreien Getränken auch warme, überwiegend deftige Speisen an.

Durch seine Lage direkt am Ufer des Oberhafens war das Gebäude von Beginn an den Gezeiten und mehreren Sturmfluten ausgesetzt. Durch die regelmäßigen Unterspülungen des Kais sackte es sukzessive ab und bekam

10 OBERHAFENKANTINE

auf diese Weise seine kurios anmutende Schieflage. Die Neigung des Gebäudes beträgt inzwischen mehr als acht Grad. Auch die unmittelbare Nähe zu der stark befahrenen Oberhafenbrücke mag ihren Teil zur Absenkung der Oberhafenkantine beigetragen haben.

Bis 1997 befand sich die Wirtschaft im Besitz der Familie des Gründers. Nachdem diese das Lokal

aufgeben musste, stand es einige Jahre leer und galt als akut einsturzgefähr-
det. 2002 kaufte der Immobilienunternehmer Klausmartin Kretschmer das
Gebäude. 2005 wurde die Oberhafenkantine grundsaniert, seitdem steht sie
unter Denkmalschutz. Durch den Orkan »Tilo« im Jahr 2007 und das Hoch-
wasser, das im Januar 2014 während des Orkantiefs »Xaver« ins Gebäude
eintrat, wurde das Gebäude allerdings wiederum so stark beschädigt, dass
es erneut saniert werden musste. Heute befindet sich wieder eine Gaststätte
mit gehobener zünftiger Küche in der Oberhafenkantine.

Wir gehen nun über die Brücke zurück zur Banksstraße, in die wir
rechts einbiegen und der wir bis zur Ersten Banksbrücke folgen.

5 ERSTE BANKSBRÜCKE / HAMMERBROOK-SCHLEUSE

Auch wenn die Gegend wenig spektakulär und die Brücke schmucklos aus-
sehen mag, gibt es hier gleich zwei erwähnenswerte Besonderheiten. Auf
beiden Seiten hinter den Brückengeländern lassen sich nämlich eiserne
Drachen erkennen. Diese Drachen erinnern daran, dass dieses Gebiet einst
zum Stadtteil Sankt Georg gehörte. Auf den Schildern,
die sie in die Höhe halten, ist jeweils der Name der Brücke zu lesen (Abb. 11). Von 1938 bis 2008 gehörte dieses Areal zum Stadtteil Klostertor, heute
ist es ein Teil des Hammerbrooks.

Der Drache zur Rechten blickt auf
eines der ältesten Baudenkmäler des
Hammerbrooks:

Die gegenüberliegende Hammer-
brook-Schleuse wurde 1847 erbaut und
1866 von dem Ingenieur Johann Hermann
Maak (1809–1868) erweitert. Durch diese

11 DRACHE AUF DER ERSTEN BANKSBRÜCKE

Anlage konnten bis zu 15 Schuten –
kleine Transportschiffe, die ohne eigenen Antrieb und in der Regel mittels Haken und Streben an den Spundwänden entlanggezogen werden –

12 HAMMERBROOKSCHLEUSE IM 19. JAHRHUNDERT

gleichzeitig geschleust werden (Abb. 12). Bei dem Gewässer unter der Brücke handelt es sich um den Schleusenkanal. Er diente, wie wir an späterer Stelle noch erfahren werden, unter anderem der Entwässerung des Marschgebiets. 1979 wurde die – noch immer funktionsfähige – Schleuse unter Denkmalschutz gestellt. Der Steg, der die Schleusenanlage überspannt, ist ein Fußgängerübergang, der aber nur von der Wasserseite aus zugänglich ist.

Wir folgen nun der Banksstraße noch einige Meter bis zum Gebäudekomplex und dem Areal des Großmarkts Hamburg.

6 GROSSMARKT HAMBURG

Der vor uns liegende Hallenkomplex mit seinen effektvollen Schwüngen ist der »Großmarkt Hamburg« und die Antwort der Nachkriegsarchitektur auf die zu klein gewordenen Deichtorhallen. Wie wir bereits bei der dritten Station dieses Rundgangs erfahren haben, waren diese immer wieder an ihre Kapazitätsgrenzen gelangt. Nachdem die Planer der Stadt nach dem Zweiten Weltkrieg eine völlig neue Verkehrsinfrastruktur gegeben hatten, fanden sich die Hallen am Deichtor zudem bald im Schnittpunkt zahlreicher stark frequentierter Straßen wie beispielsweise des am Klosterwall verlaufenden Rings 1, der Amsinckstraße, der ehemaligen Ost-West- und heutigen Willy-Brandt-Straße sowie mehrerer Eisenbahntrassen wieder. Erweiterungsbauten wären unter diesen Umständen kaum möglich und eine den neuen Ansprüchen genügende Sanierung wohl zu aufwendig und teuer gewesen. Man plante also neue, deutlich größere Markthallen.

Da der einst dichtbesiedelte Stadtteil Hammerbrook durch die Operation Gomorrha nahezu vollständig ausgelöscht worden war, bot sich hier genügend Platz für große Neubauten (vgl. Station 7, Mittelkanal / Hammerbrook

13 BAU DER GROSSMARKTHALLEN, ANFANG DER 1960ER JAHRE

straße). Aber auch die Nähe zum Hafen und zu den wichtigen Ausfallstraßen Hamburgs trug dazu bei, dass man sich für den Neubau des »Großmarkts Hamburg« an dieser Stelle entschied. Nach vierjähriger Bauzeit wurde die 180 Meter breite und 220 Meter lange Markthalle 1962 fertiggestellt (Abb. 13). Die Bauleitung hatte der Architekt Bernhard Hermkes (1903–1995), die Entwicklung der Hallenkonstruktion Hermkes' Bürochef und späterer Teilhaber Gerhart Becker inne. Insgesamt verfügte die neue Markthalle über eine Handelsfläche von 40 000 Quadratmetern.

Die elegante Dachkonstruktion der Großmarkthallen ist dem Schwung von Wellen nachempfunden, die seitlichen Fensterfronten bilden das Spiel von Schaumkronen nach. Trotz ihrer Größe wurden auch diese Hallen bald wieder zu klein, und so wurde der Großmarkt zwischen 1982 und 1984 um eine 9400 Quadratmeter große Blumenmarkthalle erweitert. Das ganze Ensemble steht seit 1996 unter Denkmalschutz (Abb. 14). Heute wird hier noch immer eifrig Handel getrieben, und die Flächen werden ein weiteres Mal verändert. Für die neue Nutzung wird derzeit ein Hallenteil für dreißig Millionen Euro als Musicaltheater umgebaut. Im Fahrwasser der jüngeren Hamburger Musicaltradition soll das »Mehr!Theater« 2100 Besuchern Platz bieten.

14 GROSSMARKT HAMBURG

Wir verlassen nun den Großmarkt Hamburg und biegen rechts in die Lippeltstraße ein. Nachdem wir die verkehrsreiche Amsinckstraße überquert haben (eine Fußgängerampel befindet sich auf Höhe des Högerdamms an der Bushaltestelle), gehen wir am rechten Ufer des Kanals entlang. Die Promenade wurde nach der britischen Schriftstellerin Vera Brittain (1893–1970) benannt, die sich als Pazifistin kritisch mit den Flächenbombardements Deutschlands und der Zerstörung Hamburgs während des Zweiten Weltkriegs auseinandersetzte.

7 MITTELKANAL / HAMMERBROOKSTRASSE

Der Kanal, dem wir jetzt folgen, ist der Mittelkanal und einer der drei größten künstlichen Wasserläufe, die bereits 1842 nach den Plänen des Ingenieurs William Lindley angelegt worden waren, um den Hammerbrook zu entwässern. Bei den beiden anderen Kanälen handelt es sich um die parallel verlaufenden Wasserstraßen Süd- und Nordkanal, die in ein Hochwasserbassin entlang des Heidenkampswegs münden. Dieses Bassin, das bereits im 17. Jahrhundert als »Retranchementgraben« vor dem Neuen Werk errichtet wurde, mündet wiederum im Süden in die Bille.

Die über 170 Jahre alten Kanäle bilden den Abschluss der jahrhundertelangen zähen Bemühungen, ein Areal trockenzulegen, das seit jeher den Launen der Elbe und der Bille ausgesetzt war (Abb. 15). In den Wintermonaten wurde der Brook regelmäßig geflutet, und in den Sommermonaten nutzte man die Trockenphasen des unwirtlichen, aber fruchtbaren Geländes für land- und viehwirtschaftliche Zwecke. Begonnen hatte man mit den Anstrengungen, dem Wasser den Hammerbrook abzuringen, bereits im Jahr 1258. Zu diesem Zweck deichte man das Gebiet ein (noch heute verweisen die Straßen Bullerdeich, Grüner Deich, Stadtdeich und Hammer Deich auf entsprechende Befestigungen), legte Entwässerungsgräben an und setzte Pumpen ein. Diese Maßnahmen waren allerdings nicht von endgültigem Erfolg gekrönt, denn mehrere Sturmfluten wie die Cäcilien-

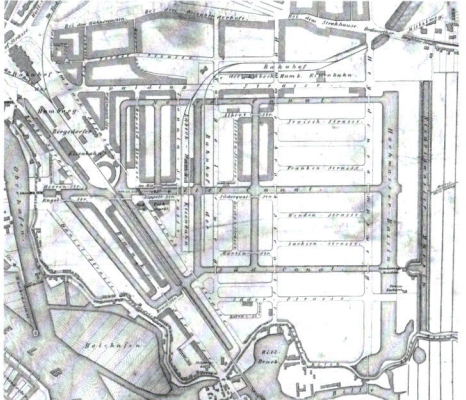

174 flut von 1412 und die Flut während der Drei-Königs-Nacht im Jahre 1625 machten die Resultate wieder zunichte. Und nachdem alles wieder aufgebaut und die Trockenlegung für lange Zeit gute Fortschritte gemacht hatte, kam es im Juli 1771 am Neuengammer Damm zu einem verheerenden Bruch, in dessen Folge das Elbwasser bis zur östlichen Wallanlage vordrang.

Aber die Ingenieure gaben nicht auf. Im Laufe des 18. und 19. Jahrhunderts verbesserte sich der Deichbau, und der Hammerbrook konnte für lange Zeit trocken gehalten werden. Um ihn dauerhaft bebaubar zu machen, legte William Lindley 1842 die besagten drei Kanäle an (Abb. 16). Letztlich verhalf aber auch der Große Brand dem Hammerbrook zur erfolgreichen Landgewinnung, denn mit den Trümmern der zerstörten Stadt stand genug Material für die Auffüllung des ganzen Areals zur Verfügung, und ab 1845 sorgte zusätzlich eine dampfbetriebene Hochleistungspumpe für das Ableiten des verbliebenen Wassers. Erst in den 1950er Jahren wurde der Nordkanal zur Entlastung der parallel verlaufenden Spaldingstraße mit Kriegstrümmern zugeschüttet. Die Straße, die dabei entstand, heißt heute Nordkanalstraße.

Die nächste Querstraße, die wir erreichen, ist der Nagelsweg. Entlang dieser Straße führte vor den Bombardements der Alliierten im Zweiten Weltkrieg eine Hochbahntrasse der U-Bahn mit den Haltestellen Spaldingstraße und Süderstraße vom Hauptbahnhof nach Rothenburgsort. Kurz vor der Hammerbrookstraße steht ein recht unscheinbares Denkmal, das auf die Zerstörung des Stadtteils im Zweiten Weltkrieg hinweist. Wir gehen nun die Treppe hinauf in die Hammerbrookstraße.

Diese und die unweit von hier befindliche Süderstraße bildeten bis zum Sommer 1943 das Zentrum des dichtbesiedelten Hammerbrooks. Wo heute große Bürokomplexe stehen, befanden sich bis zu den Bombennächten eher schmucklose zwei- bis viergeschossige Mietshäuser, in denen vornehmlich Arbeiter und ihre Familien zuhause waren (Abb. 17). Diese Mietskasernen verfügten über sogenannte Terrassen (Innenhöfe) mit anliegenden Wohnungen, die so gut wie kein Sonnenlicht abbekamen.

Die lebhafte Hammerbrookstraße war damals von zahlreichen Geschäften, Kneipen und Cafés gesäumt. Auch gab es hier, ungefähr auf Höhe der Hammerbrookstraße 76, sogar ein Stummfilmkino, das »Lichtspielhaus Herms«, und am nördlichen Ufer des Mittelkanals befand sich die Sankt Annen-Kirche mit ihrem 59 Meter hohen Turm. Diese Kirche bot knapp eintausend Besuchern Platz.

17 MIETSHÄUSER IM NAGELSWEG, 1904

Die Auswirkungen der Operation Gomorrha waren für das Viertel erbarmungslos. Der Feuersturm konnte sich hier orkanartig ausbreiten und zerstörte so gut wie alle Gebäude, in denen die Menschen Schutz suchten (Abb. 18). Augenzeugenberichte erzählen von den schrecklichen Erfahrungen in jener Nacht:

»Der Feuersturm heulte etwa ab 2.00 Uhr derart um die Gebäude, daß man sich draußen nur kriechend und an den Geländern festhaltend fortbewegen konnte. Wer sich ohne Halt aufrichtete, wurde glatt umgerissen!«

»[…] in der Süderstraße herrschte starker Sturm, der aus südlicher Richtung kam. Die Häuser brannten schon im Erdgeschoß; es schlugen Flammen aus den Hauseingängen heraus, einige Häuser brannten nur in den Obergeschossen […] In der Straße lagen vereinzelt schon Leichen […]«

» […] auffallend war die ständig ansteigende Zahl von Leichen, die reglos über die Straßen verstreut lagen und durchweg brannten […] die Zahl der auf der Straße liegenden Leichen übertraf alles bisher Erlebte. In dichter Folge lagen stark verkohlte Menschen neben solchen, denen das Zeug am Körper verbrannt war, die aber im übrigen nur geringe

18 KRIEGSZERSTÖRUNGEN, LUFTBILD DES HAMMERBROOKS, UM 1952

Verletzungen aufwiesen. Dazwischen lagen Menschen in letzten Zuckungen und auch einzelne, die noch bei Bewußtsein waren und nach Wasser lallten. Aus dem vernichteten Gebiet bewegte sich im Zuge der Eiffestraße ein endloser Strom völlig erschöpfter Menschen, vielfach mit Kindern auf dem Arm, über Leichen hinweg nach Westen zum Heidenkampsweg [...] Alle diese Menschen flehten nach Wasser [...]«

Allein auf dem Hammerbrook verloren in dieser Nacht 12 000 Menschen ihr Leben, was ungefähr einem Viertel der hier lebenden Bevölkerung entsprach. Nach dem Krieg lebten dann nur noch einige Hundert Menschen auf dem Hammerbrook. Etliche Kanäle wie der Nordkanal und der Victoriakanal wurden in den 1950er Jahren mit Kriegstrümmern zugeschüttet, und aus dem Hammerbrook wurde ein riesiges Gewerbegebiet. In den 1980er Jahren entwickelte man schließlich das Konzept der »City Süd«, das eine stärkere Nutzung mit Büroflächen vorsah, um auf die steigende Nachfrage nach entsprechenden Gewerbeimmobilien zu reagieren.

Dort, wo sich früher die Kirche Sankt Annen befand (Abb. 19), verläuft heute auf einem durchgehenden Viadukt die S-Bahn-Trasse zwischen dem Hauptbahnhof und Neugraben. Der futuristisch anmutende Bahnhof »Hammerbrook« (Abb. 20), dessen Außenwände aus rotem Aluminiumblech bestehen, wurde zwischen 1978 und 1983 von den Architekten Schramm, von Bassewitz und Hupertz erbaut und soll einen Eisenbahnwaggon darstellen.

Heute wird der Hammerbrook ganz allmählich als Wohnviertel wiederentdeckt, es werden nun zunehmend neue Wohnhäuser geplant und gebaut. Auch soll es hier, wenn es nach dem Willen der Stadtplaner geht, bald wieder eine eigene Infrastruktur aus Kitas, Supermärkten und Arztpraxen geben. Noch aber haben nicht mehr als etwa 1600 Menschen ihren Wohnsitz in diesem Hamburger Stadtteil.

Gehen wir nun die Hammerbrookstraße in Richtung Innenstadt bis zur Spaldingstraße entlang. Diese Straße wurde 1842 nach dem Senator Andreas Friedrich Spalding (1778–1859) benannt, der sich bei der Entwässerung des Hammerbrooks verdient gemacht hatte. Wir biegen nun nach rechts in die Spaldingstraße ein und folgen dieser bis zum Gebäude mit den Hausnummern 158 bis 162.

19+20 NORDERQUAI-STRASSE AM MITTELKANAL, 1913, UND S-BAHN-STATION HAMMERBROOK

OPERATION GOMORRHA

»Da ließ der HERR Schwefel und Feuer regnen vom Himmel herab auf Sodom und Gomorrha« – dieser biblische Text aus dem 1. Buch Mose hat einer Militäraktion der Alliierten im Zweiten Weltkrieg den Codenamen gegeben, die als eine der größten Katastrophen in die Geschichte Hamburgs eingegangen ist und bis heute sichtbare Spuren hinterlassen hat: die »Operation Gomorrha«.

Zwischen dem 25. Juli und dem 3. August 1943 flogen die britische Royal Air Force und die US-amerikanische Luftwaffe abwechselnd Angriffe auf Hamburg. Ziel war es dabei nicht allein, militärische und Einrichtungen der öffentlichen Infrastruktur zu zerstören, sondern man plante, die Stadt in Schutt und Asche zu legen. Dieser Plan folgte dem Konzept des »Moral Bombing« und sollte vor allem die Loyalität der Bevölkerung zum Nazi-Regime schwächen.

Um dem »Moral Bombing« zum Erfolg zu verhelfen, wurde eine Mischung aus Luftminen, Spreng-, Phosphor- und Stabbrandbomben eingesetzt und in einer strategisch festgelegten Reihenfolge gezündet. Zuerst wurden die unterhalb der Straßen verlaufenden Wasser-, Gas- und Kommunikationsleitungen zerstört, indem die Bomberverbände Luftminen und Sprengbomben mit Verzögerungszünder abwarfen. Durch diesen Zündmechanismus erreichten die Alliierten, dass die Bomben nicht gleich nach dem Aufprall, sondern tiefer in der Erde bzw. in den Kellern detonierten, was Löscheinsätze der Feuerwehr bei nachfolgenden Bränden unmöglich machte. Als nächstes wurden dann Luftminen über den Gebäuden abgeworfen, um die Dächer abzudecken und durch den entstehenden Druck die Fenster und Türen der Wohnhäuser zu zerstören. Am Ende schließlich wurden die abgedeckten Wohnblöcke mit Phosphor- und Stabbrandbomben belegt. Der Phosphor, der sich in einer gallertartigen Substanz verbarg, war dabei besonders tückisch, weil er sich trotz der Löschversuche stets wieder entzündete. Die Feuerwehr hatte kaum eine Chance, die entstandenen

Feuer zu löschen, denn die Bombardements erfolgten im Viertelstunden-
takt. Das Verfahren wurde bei den
Militärs als »Hamburgisierung«
(hamburgisation) bezeichnet und
später auch in anderen deutschen
Städten angewendet.

Um drohende Bombardements
zu erschweren, hatten die Hamburger bereits seit 1941 eine Tarnvorrichtung auf der Binnenalster
errichtet, um dem Gewässer seine Funktion als Orientierungspunkt zu
nehmen. Man tarnte das Alsterbecken mit Holz-, Draht- und Reetkons-
truktionen und platzierte eine falsche Lombardsbrücke auf der Außenalster. Das Areal sollte so als besiedeltes Stadtgebiet erkannt werden,
allerdings erfüllte die aufwendige Tarnvorrichtung ihren Zweck kaum.

Den Auftakt zur Operation Gomorrha machten in der Nacht vom
24. auf den 25. Juli die Briten, indem sie mit 791 Bombern insgesamt
2300 Tonnen Bombenladungen über der Stadt abwarfen. Als Orientierungspunkt diente ihnen dabei die gut sichtbare Sankt Nikolai-Kirche,
neben der Innenstadt kam es in dieser Nacht auch in Hoheluft und in
Altona zu zahlreichen Flächenbränden. Die Zahl der Opfer allein in dieser Nacht wurde auf 1500 Menschen geschätzt. In den folgenden Tagen
wurden dann primär industrielle Ziele und die Anlagen im Hafen bom-
bardiert.

Der schwerste Angriff erfolgte schließlich in der Nacht auf den 28.
Juli durch 739 britische Bomber, aus dem sich aufgrund der trockenen
Witterungsbedingungen in jener Nacht der sogenannte Feuersturm
mit seinen verheerenden Flächenbränden entwickeln konnte. Da die
Feuer reichlich Sauerstoff anzogen, kam es am Boden zu orkanarti-
gen Winden, die für eine schnelle Ausbreitung der Brände sorgten.

Der vormals dichtbesiedelte Stadtteil Hammerbrook, der östliche Teil Sankt Georgs und die Stadtteile Rothenburgsort und Borgfelde wurden während dieses Großangriffs nahezu komplett, die Stadtteile Wandsbek, Barmbek, Eilbek, Hamm und Hohenfelde zu großen Teilen zerstört. In dieser Nacht verloren schätzungsweise 30 000 Menschen ihr Leben.

Der letzte alliierte Großangriff im Zuge der Operation Gomorrha erfolgte dann in der Nacht zum 3. August mit 740 Bombern. In dieser Nacht herrschte über Hamburg ein schweres Gewitter, sodass es nicht zu Flächen-, sondern nur zu punktuellen Großbränden, wie beispielsweise der Staatsoper, kam.

Die Operation Gomorrha muss für viele überlebende Bewohner der Stadt der tiefste Einschnitt in ihrem Leben gewesen sein, denn binnen dieser wenigen Tage verwandelte sich Hamburg in eine gigantische Trümmerwüste. Insgesamt wurden bei den Angriffen 277 330 Wohnungen, 580 Industriebetriebe, 80 militärische Anlagen, 2632 gewerbliche Betriebe, 24 Krankenhäuser, 58 Kirchen und 277 Schulen zerstört. Noch bis in den November 1943 hinein war man mit der Bergung der letzten der insgesamt 31 647 Leichen beschäftigt, von denen nur knapp 16 000 identifiziert werden konnten. Historiker gehen von 34 000 Todesopfern aus und schätzen die Zahl der Verletzten auf 125 000. Nach den Angriffen flohen rund 900 000 Hamburger aus ihrer Stadt.

Noch heute sind an vielen Stellen der Stadt die Folgen der Operation Gomorrha zu sehen, in Sankt Georg insbesondere vom Steindamm bis zur östlichen Stadtteilgrenze. Der vormals überwiegend von Arbeitern besiedelte Stadtteil Hammerbrook wurde nach dem Inferno nicht wieder als Wohngebiet aufgebaut. Andere Stadtteile – wie etwa Horn, Borgfelde und große Teile von Hamm – wurden nach dem Krieg baulich so gestaltet, dass es im Fall einer neuerlichen Bombardierung nicht mehr zu großflächigen Zerstörungen durch »Feuerstürme« hätte kommen können.

8 GEORGSBURG / AUSSENLAGER KZ NEUENGAMME

Der Gebäudekomplex, vor dem wir uns nun befinden, hieß früher »Georgsburg« und beherbergte bis in den Zweiten Weltkrieg hinein ein Tabaklager. Seit dem November 1944 diente er als Außenlager des KZ Neuengamme und erlangte so traurige Berühmtheit.

Während nahezu der gesamte Hammerbrook seit dem Spätsommer 1943 einer Trümmerwüste glich, waren einige wenige Gebäude stehen geblieben. Die Georgsburg war zwar stark beschädigt worden, dennoch fiel die Wahl der Nationalsozialisten bei der Einrichtung eines Außenlagers des Konzentrationslagers Neuengamme auf diesen Komplex. Als solches erwies sich die Georgsburg vor allem deshalb geeignet, weil sie von der SS leicht zu bewachen war. Ihr einziger Eingang befand sich an der Spaldingstraße, während die auf der anderen Seite des Gebäudes verlaufende Nordkanalstraße noch ein Wasserlauf war. Außerdem nahm man an dem beschädigten Gebäude einige Umbauten vor: Im Vorderhaus wurde eine Küche eingerichtet, die Fenster der oberen Etagen wurden zugemauert. Da die Wasserleitungen durch das Bombardement nahezu komplett zerstört waren, diente lediglich eine Badewanne als Wasserquelle.

21 KZ-HÄFTLINGE BEI DER ZWANGSARBEIT, 1944

Im Erdgeschoss des Hinterhauses befanden sich die für den Wachdienst und die Kommandantur umgebauten Räume, in der sechsten Etage wurde eine schlecht belüftete und verdreckte Krankenstation betrieben. Der unter anderem durch seinen Mordbefehl an zwanzig jüdischen Kindern am Bullenhuser Damm berüchtigte SS-Sturmbannführer Arnold Strippel hatte hier seinen Dienstsitz.

Männliche Häftlinge aus Belgien, Tschechien, Deutschland, Dänemark, Russland und

22+23 DIE GEORGSBURG HEUTE

Polen wurden jeweils zu bis zu 500 Personen pro Stockwerk in der dritten bis fünften Etage zusammengepfercht. Nach dem morgendlichen Appell und der Arbeitseinteilung im Innenhof bestanden die Haupttätigkeiten der Inhaftierten in der Räumung von Kriegstrümmern, dem Reparieren der zerstörten Gleisanlagen und dem Wiederaufbau des Telegraphenwesens (Abb. 21). Als Himmelfahrtskommandos wurden jene Häftlingsgruppen bezeichnet, die Blindgänger aufspüren und entschärfen mussten.

Der Zeitzeuge und ehemalige Insasse Stanislaw Sterkowicz beschreibt die Allgegenwart des Todes in der Georgsburg wie folgt: »Der Rückweg ins Lager war normal mit Leichentragen verbunden. Es waren Erschlagene oder Tote aus totaler Erschöpfung und in den letzten Zügen. Am Eingang mussten sich die Häftlinge mit abgelegten Mützen dem Rapportführer zum Rapport melden und vor ihm defilieren. Die Leichen wurden in einem bestimmten Raum im Erdgeschoss niedergelegt, die in den letzten Zügen dem Arzt im Revier überlassen. Jede Woche transportierte man die Leichen zum Stammlager Neuengamme, wo sie im Krematorium verbrannt wurden.«

Die Zahl der Opfer des NS-Regimes in diesem Außenlager war hoch. Allein im Dezember 1944 kamen über 300 Häftlinge ums Leben, insgesamt starben während der sechs Monate seines Bestehens 800 Männer, bis das Lager im April 1945 von britischen Truppen aufgelöst wurde.

Da die Verantwortlichen kurz nach der Räumung sämtliche Unterlagen vernichteten, drohte seine Existenz gänzlich in Vergessenheit zu geraten. Letztlich ist es der Recherchearbeit der mittlerweile pensionierten Geschichtslehrerin Barbara Brix zu verdanken, dass das Thema wieder aufgegriffen wurde. So forderte sie mit der Unterstützung der Gedenkstätte KZ Neuengamme bereits 1993 die Anbringung einer Gedenktafel an dem Gebäude. Die Eigentümergesellschaft lehnte dies jedoch strikt ab, da die Hinweistafeln geschäftsschädigend seien. Nachdem eine große regionale Tageszeitung das Thema aufgriff, beugte sich die Gesellschaft aber den Forderungen, und seit 2007 erfährt man von der verbrecherischen Zwischennutzung der Georgsburg an der Außenfassade in Deutsch und Englisch. Die Überlebenden wurden indes nie entschädigt. Bei der Abwehr der Ansprüche konnten die Stadt Hamburg, die Telekom AG sowie die Deutsche Bahn darauf verweisen, dass es für das Lager keine Beweisunterlagen gebe. Heute ist in dem Gebäude hauptsächlich ein Hostel untergebracht (Abb. 22+23).

Wir verlassen nun diesen geschichtsträchtigen Ort und folgen der Spaldingstraße weiter bis zur Kreuzung Heidenkampsweg / Anckelmannsplatz.

9 KONTORHAUS LEDER SCHÜLER / BERLINER BOGEN

Die sechsspurige Straße Heidenkampsweg ist heute die Hauptausfallstraße vom Zentrum in Richtung Elbbrücken. Sie erhielt ihren Namen 1842 und wurde vermutlich nach dem ehemaligen Besitzer des Gebiets benannt – das Areal um die heutige Verkehrsachse hieß früher Heidenkampsland, und die Hügel am Berliner Tor wurden Heidenkampsberge genannt. Parallel und auf der Rückseite der zur Linken des Heidenkampswegs verlaufenden Gebäudezeile zieht sich das Hochwasserbassin entlang (vgl. Station 7, Mittelkanal / Hammerbrookstraße).

24+25 KONTORHAUS LEDER SCHÜLER, 1929, UND BERLINER BOGEN MIT LEDER SCHÜLER HEUTE

Zwei Bürohäuser, die jeweils für ganz unterschiedliche Epochen der Stadtgeschichte stehen, wollen wir nun noch etwas näher in Augenschein nehmen: das Kontorhaus Leder Schüler und den gegenüberliegenden Berliner Bogen.

Das Kontorhaus Leder Schüler wurde 1928 von dem Architekten und Meister des Backsteinexpressionismus Fritz Höger (1877–1949) für ein lederverarbeitendes Unternehmen gebaut. Höger, der in seinem Umfeld als Exzentriker galt und früh mit den Nationalsozialisten sympathisierte, hatte mit dem zwischen 1922 bis 1924 errichteten Chilehaus in der Fischertwiete 2 das wohl bedeutendste Kontorhaus in der Hamburger Innenstadt geschaffen. Das Kontorhaus Leder Schüler überstand die Bombennächte von 1943 zwar ohne allzu große Schäden, allerdings wurde die zinnenhafte Gestaltung des Obergeschosses nach dem Krieg nicht wiederhergestellt (Abb. 24+25). Die Lederwerke Schüler befinden sich heute an einem anderen Standort, aber der Schriftzug des Unternehmens prangt weiterhin gut sichtbar an der Fassade und gibt dem mittlerweile denkmalgeschützten Kontorhaus bis heute seinen Namen. Im Kellergeschoss befanden sich über die Jahrzehnte verschiedene Musikclubs, unter anderem der auf Jazz spezialisierte »Cotton Club«, »Danny's Pan« und bis in die 1990er Jahre

26 BÜROHAUS BERLINER BOGEN

das »Front«. Auf der gegenüberliegenden Straßenseite steht das durch seine Stahl-Glas-Architektur auffallende Bürogebäude Berliner Bogen (Abb. 26). Der Name dieses zwischen 1998 und 2001 erbauten bogenförmigen Gebäudes bezieht sich auf die Nähe zum ehemaligen Berliner Tor, geplant wurde es von den Architekten Jens Bothe, Kai Richter und Hadi Teherani, die unter dem Namen BRT in den 1990er und 2000er Jahren in Hamburg Furore machten. Der überwiegend aus Stahl und Glas bestehende Komplex bietet auf seinen acht Stockwerken 32 000 Quadratmeter Bürofläche.

Insgesamt sechs »Wintergärten« wurden in das Gebäude integriert, die zusammen mit den verschiedenen Fassadenebenen für ein spezielles Mikroklima sorgen, durch das sich die Heizkosten halbieren lassen und das eine herkömmliche Klimaanlage sogar vollständig überflüssig macht. Im Untergeschoss des Gebäudes betreibt die Hamburger Stadtentwässerung ein Mischwasserrückhaltebecken mit einem Fassungsvermögen von 33 400 Kubikmetern. In diesem Becken werden die Abwässer der Haushalte sowie das Regenwasser gesammelt, von hier in das Sielnetz gespeist und schließlich zu den Kläranlagen geleitet.

BARS / KNEIPEN / NACHTLEBEN

Bistro Münzburg
Münzplatz 11
→ *kleines Café und Bar in der Münzburg*

Oberhafenkantine
Stockmeyerstraße 39
www.oberhafenkantine-hamburg.de
→ *die wohl schrägste Kneipe der Stadt*

CAFÉS / RESTAURANTS

Bei Hadja
Spaldingstraße 55
→ *afrikanisches Bistro und Restaurant*

Fillet of Soul
Deichtorstraße 2
www.fillet-of-soul.de
→ *innovative, unverkrampfte Küche in den Deichtorhallen*

Pane e Tulipani
Klosterwall 23
www.pane-e-tulipani.eu
→ *italienisches Restaurant mit Kunstflair*

LÄDEN

Antik-Center
Klosterwall 9 (im Unter-
geschoss)
→ *alles, was das anspruchsvolle Trödler-
herz begehrt*

Buchhandlung im Haus der Photographie
Deichtorstraße 2
www.deichtorhallen.de
→ *Fachbuchhandlung für hochwertige
Fotobücher*

Golf House
Hammerbrookstraße 69
www.golfhouse.de
→ *alles rund ums Golfen*

Schoko & Co
Spaldingstraße 160
www.schoko-outlet.de
→ *Outlet für Süßigkeitenfans*

Vinh Loi
Klosterwall 2
www.vinhloi.de
→ *gutsortierter asiatischer Supermarkt*

HOTELS

A&O Hostels
Amsinckstraße 2–10 /
Spaldingstraße 160
www.aohostels.com
→ *günstiges Hostel*

Hotel Ambassador
Heidenkampsweg 34
www.ambassador-hamburg.de
→ *Business- und Touristenhotel*

Hotel Ibis budget
Amsinckstraße 1
www.accorhotels.com
→ *internationales Komforthotel*

Mercure Hotel Hamburg
Amsinckstraße 53
www.mercure.com
→ *4 Sterne im Herzen Hammerbrooks*

Superbude
Spaldingstraße 152
www.superbude.de
→ *trendiges, junges Ho(s)tel*

FREIZEIT / SPORT

iPunkt-Skateland
Spaldingstraße 131
www.i-punktskateland.de
→ *Skaterparadies*

KULTUR

Deichtorhallen Hamburg / Haus der Photographie
Deichtorstraße 2
www.deichtorhallen.de
→ *zeitgenössische Kunst und Fotografie*

Freie Akademie der Künste
Klosterwall 23
www.akademie-der-kuenste.de
→ *Diskussions- und Veranstaltungsort für das kulturelle und geistige Leben der Stadt*

Galerie Renate Kammer
Münzplatz 11
www.galerierenatekammer.de
→ *Galerie für Kunst und Architektur in der Münzburg*

Kunstverein in Hamburg
Klosterwall 23
www.kunstverein.de
→ *Verein für Kunst seit 1817*

Xpon-art
Repsoldstraße 45
www.xpon-art.de
→ *thematische Gruppenausstellungen junger KünstlerInnen*

SOZIALES / NON-PROFIT

Goethe-Institut
Hühnerposten 1
www.goethe.de
→ *Deutschkurse und Kulturangebote*

Jugendwerkstatt Rosenallee
Rosenallee 11
www.jugendwerkstatt-rosenallee.de
→ *Ausbildungs- und Rehabilitationsangebote für Jugendliche in einer Tischlerei*

Zentralbibliothek der Bücherhallen Hamburg
Hühnerposten 1
www.buecherhallen.de
→ *Zentrale der Hamburger Öffentlichen Bücherhallen, mit Bistro*

HOHENFELDE, BORGFELDE & HAMM   6

Alsterwiese Schwanenwik ✴ Mundsburger Kanal ✴ Kuhmühlenteich ✴ Historische Mineralwasserfabrik / Hohenfelder Apotheke ✴ Alsterschwimmhalle / Lübscher Baum ✴ Marienkrankenhaus ✴ Hiobs-Hospital / Alida-Schmidt-Stift ✴ Haus des Deutschen Bauarbeiterverbandes / Erlöserkirche ✴ Hammer Park ✴ Dreifaltigkeitskirche ✴ Hammer Friedhof

START: Alsterwiese Schwanenwik (Buslinie M6 / Mundsburger Brücke)
ENDPUNKT: Hammer Friedhof (U-Bahn-Station Hammer Kirche)
DAUER: etwa 2,5 Stunden

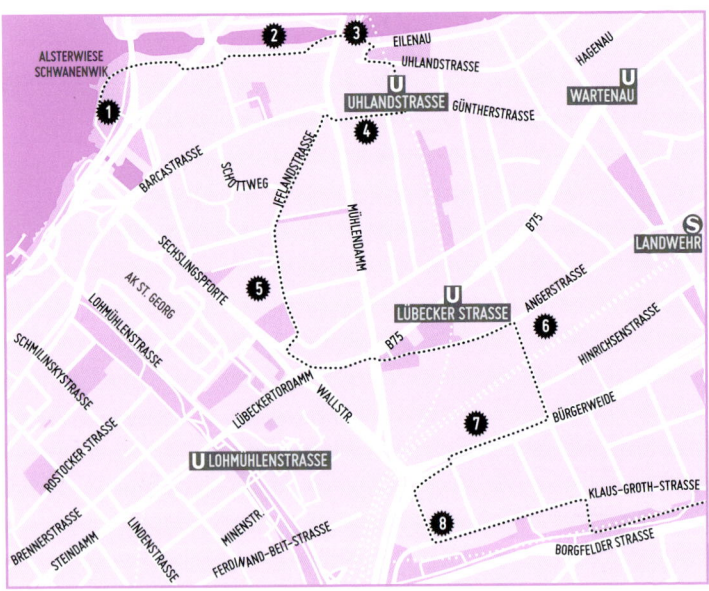

Dieser Spaziergang führt uns durch gleich drei Stadtteile Hamburgs: Hohenfelde, Borgfelde und Hamm. Sie alle mussten sich in ihrer Geschichte immer wieder »neu erfinden«, da sie gleich zweimal nahezu vollständig zerstört wurden: durch die französischen Besatzer Anfang des 19. Jahrhunderts und durch den Feuersturm der alliierten Bombenangriffe im Jahre 1943.

Wir beginnen unsere Tour an der Außenalster auf einer bei vielen Hamburgern sehr beliebten Wiese und folgen dann dem Fluss Wandse auf seinen letzten Metern, bevor er in die Alster mündet. Auf unserem Weg machen wir Bekanntschaft mit Kunstwerken, Mühlen und Kirchen und sehen eine prächtige Apotheke sowie eine traditionsreiche Hochschule. Auch begegnen wir einigen äußerst innovativen Bauten des letzten Jahrhunderts, die bei ihrer Errichtung sehr umstritten waren, deren architektonischer Wert aber heute außer Frage steht. Auf unserer Tour passieren

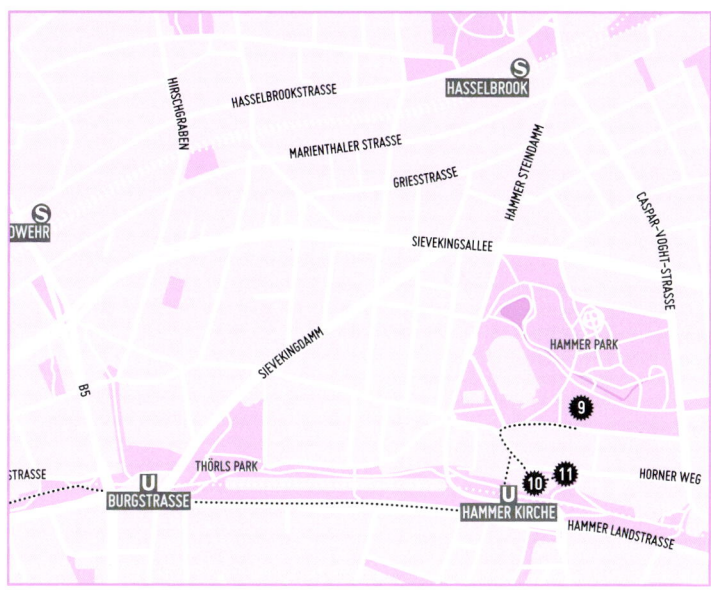

6

190 wir erneut den alten Standort des Hamburger Galgens und sehen uns neben einem großen Krankenhaus zwei Stiftungen an, die die Katastrophe von 1943 überstanden haben.

Ein Teil des Spaziergangs führt am Geesthang entlang, wo sich gut nachvollziehen lässt, warum viele reiche Hamburger sich gerade hier niederließen und ihre Villen und Sommerhäuser an dieser Stelle errichteten. In Hamm besuchen wir ein »Kleinod zwischen Backsteinen« und beenden unseren Rundgang auf einem Friedhof, auf dem wir einige Protagonisten unserer Spaziergänge wiedertreffen, die hier ihre letzte Ruhe gefunden haben. Der Rundgang beginnt im Stadtteil Hohenfelde an der Alster.

1 ALSTERWIESE SCHWANENWIK

Das »hohe Feldt«, aus dem sich der Name Hohenfelde entwickelte, war jahrhundertelang ein Hamburg vorgelagerter Ort und aufgrund seiner Lage in der Nähe der Alster, die für eine feuchte Bodenbeschaffenheit sorgte, ein kaum besiedeltes Gebiet (Abb. 1). Seit dem Bau des Neuen Werks 1679 vor Sankt Georg war Hohenfelde ebenso wie Borgfelde bis zur Landwehr (vgl. Station 5, Alsterschwimmhalle / Lübscher Baum) ein Teil der Hamburger Verteidigungsanlage und bildete das Schussfeld vor der östlichen Grenze Hamburgs. Im Vergleich zu Sankt Georg wurde das

1 BLICK AUF HOHENFELDE, 18. JAHRHUNDERT

2 BADEANSTALT AM SCHWANENWIK, ANFANG DES 20. JAHRHUNDERTS

Quartier, das 1874 eingemeindet wurde, im ausgehenden 19. Jahrhundert erst recht spät bebaut, denn dafür musste das Gebiet zunächst durch eine Aufschüttung trockengelegt werden.

Als schließlich die großstädtische Bebauung einsetzte, entstanden schnell zwei räumlich getrennte soziale Milieus. Auf unserem Weg zu den ersten drei Stationen dieser Tour fallen die vielen großbürgerlichen Gründerzeithäuser auf, die die Zeiten bis heute überstanden haben. Dieser Teil Hohenfeldes bis zur Uhlenhorst galt wie die Gegend um den Steindamm und den Hansaplatz als schick und teuer. Der andere Bereich war das Gebiet südlich der Güntherstraße und des Graumannswegs bis zur Grenze Sankt Georgs. Hier befanden sich viele Gewerbebetriebe, und die Wohnhäuser waren eher für die mittleren und geringen Einkommensklassen bestimmt (vgl. Station 4, Historische Mineralwasserfabrik / Hohenfelder Apotheke).

Auf dem Gebiet der heutigen Alsterwiese befand sich bis in die 1920er Jahre eine Bade- und Freizeitanlage, die wir bereits an der letzten Station des ersten Rundgangs kennengelernt haben (Abb. 2). Nach dem Zweiten Weltkrieg wurde das Baden in der Außenalster gänzlich eingestellt, weil sich unter anderem die Wasserqualität in den Nachkriegsjahren immer weiter verschlechtert hatte. Das letzte Mal wurde 2008 darüber nachgedacht, an dieser Stelle eine neue Badeanstalt zu errichten, aber die Pläne wurden dann wie schon einige Male zuvor wieder aufgegeben.

Die entlang dieser Wiese verlaufende Straße Schwanenwik (»wik« bezeichnete im nordgermanischen Raum eine Bucht und ist eine häufige Ortsnamenendung) ist die historische Verbindungsstraße zwischen Sankt Georg und der Uhlenhorst, wo sich zu Zeiten des Neuen Werks, das sich von hier nach Süden erstreckte, die Alster- beziehungsweise Sechslingspforte befunden hatte (vgl. Rundgang 2, Das Neue Werk). Heute ist diese Stelle mit einer großen Straßenkreuzung am südlichen Ende der Wiese bebaut.

Die Alsterwiese ist Teil eines Parks, der 1952 am Ufer der Außenalster angelegt wurde und diese zum größten Teil umgibt. Auf der gegenüberliegenden Seite der Alster, in den Stadtteilen Harvestehude und Rotherbaum, heißt die Parkfläche Alstervorland, an der Nordspitze oberhalb des Alsterlaufs befindet sich der Eichenpark und auf der Seite, auf der wir uns befinden, liegt der Alsterpark. Gesäumt wird der am Ufer entlangführende Alsterwanderweg von den Werken verschiedener Künstler. Auf einer Stele am Alsterufer etwa sieht man drei Herren stehen. Diese Skulptur mit dem Namen »Drei Männer im Boot« wurde 1953 von dem Künstler Edwin Paul Scharff (1887–1955) gegossen und ist eigentlich ein Modell (Abb. 3). Das vollendete Werk sollte im Zuge der Neugestaltung des Jungfernstiegs dort platziert werden, allerdings wurde der Plan nicht realisiert. Ein Schüler Scharffs, der ebenfalls sehr bekannte Hamburger Bildhauer Fritz Fleer, ließ das Modell schließlich hier an der Alsterwiese errichten. Ein Unikat sind die »Drei Männer im Boot« allerdings nicht. Scharff bedachte nämlich auch seine Geburtsstadt Neu-Ulm mit einem Guss, der nun den Rathausplatz der mittelschwäbischen Metropole schmückt.

3+4 SKULPTUR »DREI MÄNNER IM BOOT« UND LIEBESSCHLÖSSER AUF DER SCHWANENWIKBRÜCKE

Ein weiteres, deutlich jüngeres Kunstwerk sieht man ebenfalls vom Ufer der Außenalster aus. Die auf einige Entfernung wie aus Fleisch und Blut wirkende, aber tatsächlich aus Eichenholz bestehende Plastik ist einer von insgesamt vier ähnlichen Männern, die der Künstler Stephan Balkenhol 1993 im ganzen Hamburger Stadtgebiet auf Bojen platzieren ließ. Die drei anderen befinden sich ebenfalls auf dem Wasser: am Elbstrand beim Schulberg, östlich der Brücke des 17. Juni in Harburg und an der Alten Holstenstraße im Serrahn in Bergedorf. Da sie ebenfalls auf Bojen installiert wurden, gab diese Befestigung den »vier Männern auf Bojen« den Namen.

Wir gehen nun in Richtung der »Drei Männer im Boot« weiter am Alsterufer entlang. Kurz hinter dem Kunstwerk mündet der Mundsburger Kanal in die Außenalster. Wir folgen dem Mündungskanal und gehen durch die Fußgängerunterführung unter der Schwanenwikbrücke hindurch.

 MUNDSBURGER KANAL

Die Schwanenwikbrücke wurde zwischen 1874 und 1876 erbaut und ist heute für die zahlreichen Liebesschlösser, die an ihren Geländern angebracht werden, bekannt (Abb. 4).

Woher dieser populäre Brauch kommt, ist nicht ganz klar. Man vermutet, dass diese Tradition aus Florenz stammt, wo ursprünglich die Absolventen einer Sanitätsakademie die Vorhängeschlösser ihrer Spinde an das Geländer der Vecchiobrücke hängten. Auch in Serbien soll das Ritual, aus dem sich der Brauch der Liebesschlösser entwickelt haben könnte, bereits im Ersten Weltkrieg aufgetaucht sein. Seit 2008 kann man das Phänomen auch in Deutschland, angefangen am Geländer der Kölner Hohenzollernbrücke, beobachten. Wenige Monate später hingen dann auch in Hamburg, insbesondere an dieser Brücke, die Schlösser mit den eingravierten Namen der Paare. 2012 musste das denkmalgeschützte Brückengeländer restauriert werden und wurde abgebaut. Die Stadt entsorgte aber die Liebesschlösser nicht, sondern übergab sie an das Museum für Hamburgische Geschichte, wo die Paare die Zeichen ihres Liebesschwurs abholen konnten.

Wir folgen nun weiter dem Mundsburger Kanal und überqueren dann den stark befahrenen Mundsburger Damm (Abb. 5), dessen Name auf den Weinhändler und früheren Besitzer des Gebiets Johann Heinrich Mundt zurückgeht. Dieser kaufte 1744 Teile des heutigen Gebiets Hohenfelde, Barmbek-Süd und Uhlenhorst der Stadt Hamburg ab, die es kurz zuvor in einem Vergleich vom Hospital zum Heiligen Geist erhalten hatte. Mundt betrieb unweit des Kuhmühlenteichs eine Gastwirtschaft, die bei den Hamburgern als Ausflugsziel sehr beliebt war und von den Gästen irgendwann nach ihrem Besitzer »Mundsburg« genannt wurde.

5 MUNDSBURGER DAMM VON DER MUNDSBURGER BRÜCKE AUS GESEHEN, UM 1900

Die Bezeichnung Kanal ist für den Wasserlauf allerdings missverständlich, denn eigentlich handelt es sich dabei um den Mün-

6 MUNDSBURGER KANAL, ENDE DES 19. JAHRHUNDERTS

dungsarm des Flusses Wandse, der seinen Namen an verschiedenen Stellen des Hamburger Stadtgebiets ändert. Die Wandse ist ein kleiner Nebenfluss der Alster, dessen Quelle sich im holsteinischen Siek, knapp 25 Kilometer von der Alster entfernt, befindet. Ihr Name leitet sich wahrscheinlich von dem Wort »Wand« ab, was zugleich Grenze bedeutet. Da der Fluss kein mächtiger Strom ist, sondern eher ein kräftiges Rinnsal darstellt, wurde der Wasserlauf früher auch als Bach (= bek) bezeichnet. Aus der Zusammensetzung der beiden Wörter leitet sich wohl der Name des heutigen Stadtteils Wandsbek, also Grenzbach, ab.

Zwischen der Wandsbeker Königstraße und der Mühlenstraße fließt die Wandse in den Mühlenteich, den sie dann als »Eilbek« wieder verlässt. Dieser Name leitet sich von dem hier einst hohen Aufkommen an Blutegeln ab, die im Mittelalter »Ylen« oder »Eylen« genannt wurden. Die blutsaugenden Würmer wurden früher für medizinische Zwecke verwendet, und man betrieb einen regen Handel mit ihnen. Dass sich der Name des Flüsschens hier ändert, geht auf sehr profane Kompetenzunstimmigkeiten und Streitereien der damals noch selbständigen Landstadt Wandsbek mit der stormarnschen Obrigkeit und den Hamburgern zurück, denn beim Wandsbeker Mühlenteich verlief bis 1937 die Grenze zwischen diesen beiden Gebieten. Im 19. Jahrhundert begann man damit, den unteren Verlauf der Eilbek zu kanalisieren, und von der Friedrichsberger Straße an heißt der nunmehr begradigte Flusslauf seitdem Eilbekkanal. Er mündet in den Kuhmühlenteich, von wo er bis zur Mündung in die Alster Mundsburger Kanal heißt (Abb. 6).

Wir gehen nun weiter am Ufer des Kanals die Armgartstraße bis zur nächsten großen Straße entlang, deren Name schon auf unsere nächste Station verweist: die Kuhmühle. Um einen etwas ruhigeren Standort zu haben, bietet es sich an, die Straße Eilenau ein kleines Stück entlangzugehen.

3 KUHMÜHLENTEICH

Die heute stark befahrene Straße Kuhmühle und die sich anschließende Straße Mühlendamm sind die Hauptstraßen der östlich an der Außenalster gelegenen Stadtteile in das Hamburger Zentrum und zu den Elbbrücken. Ihren Straßenverlauf haben sie schon seit Jahrhunderten, auch wenn es sich anfangs um ruhige und beschauliche Straßen handelte.

Verließ man nach der Fertigstellung des Neuen Werks 1682 Sankt Georg durch das Lübecker Tor, so gelangte man unweigerlich auf die Verbindungsstraße nach Lübeck. Bog man indes gleich hinter dem Tor links ab, so gelangte man auf einen Feldweg, der durch nahezu unbesiedelte feuchte Wiesen, Waldstücke und Heideflächen des damaligen »hohen Feldes« bis zu dem Dorf Bernebeke, dem heutigen Barmbek, führte.

Am Rande dieses Wegs befand sich eine Mühle, auf die der Name der Straße »Mühlendamm« zurückgeht, und an seinem Ende auf der linken Brücke über dem Teich eine weitere Mühle: die Kuhmühle (Abb. 7). Sie wurde erstmals 1247 erwähnt, ihr erster Eigentümer war ein Präfekt namens Hartwicus. In den Unterlagen findet man auch den Namen der ersten bekannten Hohenfelderin, die um das Jahr 1481 hier gelebt haben

7+8 KUHMÜHLE, MITTE DES 18. JAHRHUNDERTS, UND SANKT GERTRUD, ENDE DES 19. JAHRHUNDERTS

muss: Armgart de Komöllersch. Nach ihr wurde die Straße benannt, die wir soeben entlanggegangen sind.

Als die Kuhmühle in städtischen Besitz überging, wurde ihr Betrieb an denjenigen Pächter vergeben, der den höchsten Pachtzins zu zahlen bereit war. Um fortlaufende Einnahmen aus der Mühle zu erzielen, sorgte die Stadt für eine Mahlpflicht aller Bauern innerhalb des Neuen Werks und der Landwehr (vgl. Station 5, Alsterschwimmhalle / Lübscher Baum) in dieser Mühle. Bis zu ihrem Abriss 1874 diente sie auch zum Mahlen des Getreides und der Gerste für die zahlreichen Hamburger Brauereien und Brennereien. Flankiert wurde die Mühle von einer beliebten Gaststätte, die von den Hamburgern über die Alster per Boot angefahren wurde.

Das Gotteshaus, das am Ufer des Kuhmühlenteichs steht, ist die Sankt Gertrud-Kirche (Abb. 8). Die erste Sankt Gertrud-Kapelle, bei deren Namensgeberin es sich um eine Äbtissin des belgischen Klosters Nivelles handelte, wurde 1399 auf dem Areal des heutigen Gertrudenkirchhofs in der Hamburger Altstadt erbaut. Während des Hamburger Brandes von 1842 brannte sie bis auf die Grundmauern nieder und wurde anschließend nicht wieder aufgebaut. Wollten die Bewohner Hohenfeldes, Uhlenhorsts und Barmbeks bis zum Bau der Kirche den Gottesdienst besuchen, dann mussten sie nach Sankt Georg in die Dreieinigkeitskirche gehen.

1879 wurde für sie schließlich eine eigene Kirchengemeinde gegründet, die wie die niedergebrannte Kapelle in der inneren Stadt der Heiligen Gertrud geweiht wurde. Der Grundstein für den neuen Kirchenbau wurde am 7. Mai 1882, auf den Tag genau vierzig Jahre nach der Zerstörung der Kapelle durch den Großen Brand, gelegt. Errichtet wurde sie unter der Leitung des bekannten Kirchbaumeisters Johannes Otzen (1839–1911) im Stil der Backsteingotik und mit ihrem 88 Meter hohen Turm am 28. März 1885 geweiht.

Bereits wenige Jahre später setzte mit rasantem Tempo die städtische Bebauung Hohenfeldes, Uhlenhorsts und Barmbeks ein, und die Gemeinde wuchs bis zur Jahrhundertwende auf knapp 100 000 Mitglieder. 1902 etwa zählte sie 1700 Konfirmanden und kam damit deutlich an ihre Grenzen, denn die Konfirmationen mussten nun aus Kapazitätsgründen auch wochentags gefeiert werden. So wurden schließlich nach und nach auch auf der Uhlenhorst und in Barmbek-Süd neue Kirchen gebaut. Heute beherbergt die Sankt Gertrud-Kirche, die sich im Übrigen direkt am geografischen Mittelpunkt Hamburgs befindet, eine evangelisch-lutherische Gemeinde.

Wenden wir unseren Blick weiter nach rechts, dann sehen wir hinter der nächsten Brücke das Gebäude der Hochschule für bildende Künste (HFBK). Die Geschichte dieser traditionsreichen Hochschule reicht bis ins Jahr 1767 zurück und verdankt sich einem mäzenatischen Zusammenschluss von Förderern aus Politik, Kunst, Handel und dem Bildungswesen im Zuge der Aufklärung. 1765 wurde dieser Förderverein als »Hamburgische Gesellschaft zur Beförderung der Künste und nützlichen Gewerbe« gegründet und erhielt schon bald den Beinamen »Patriotische Gesellschaft«, unter dem sie heute bekannt ist.

Eines der ersten Projekte dieser Gesellschaft war die heutige HFBK, aus der sich wenige Jahre nach ihrer Gründung jeweils eine Kunst- und eine Bauschule entwickelte.

1865 ging die Trägerschaft der Akademie an die Stadt Hamburg über, und zur Jahrhundertwende wurde die Institution schließlich zur Staatlichen Kunstgewerbeschule umstrukturiert. Ihr markantes Gebäude erhielt sie in den Jahren 1911 bis 1913 durch Fritz Schumacher, der dem in dunklem Backstein ausgeführten Bau seinem Zweck entsprechend »ein mehr festliches Gepräge« gab. In den Bombennächten 1943 wurde die Hochschule schwer beschädigt und 1951, allerdings in veränderter Form, wieder aufgebaut.

Dreimal im Jahr werden in der HFBK Werke von Studierenden der Öffentlichkeit zugänglich gemacht. Aber nicht nur deshalb lohnt sich ein Blick in das Innere des Gebäudes. Insbesondere die wieder in den Originalzustand versetzte Aula mit ihrer farbenprächtigen Ornamentik und das Treppenhaus sind einen Besuch wert, aber auch die vielen Skulpturen an der Außenfassade sind äußerst sehenswert.

Wir wenden uns nun vom Kuhmühlenteich ab und gehen zur U-Bahn-Station Uhlandstraße, neben deren Eingangsgebäude ein arkadenartiger Fußgängerweg verläuft. Diesen gehen wir bis zum Ende durch und erreichen die Güntherstraße, in die wir links einbiegen.

4 HISTORISCHE MINERALWASSERFABRIK / HOHENFELDER APOTHEKE

Das Gebiet des folgenden Teils unseres Rundgangs durch Hohenfelde war, wie bereits zu Anfang erwähnt, in der zweiten Hälfte des 19. Jahrhunderts als Wohnquartier für die weniger wohlhabende Bevölkerung bebaut worden. Neben den Mietskasernen mit kleinen und günstigen Wohnungen siedelten sich hier auch viele Gewerbebetriebe an.

Ein Beispiel für diese kleinen Industrien ist das Gebäude an der Ecke Güntherstraße/Hohenfelder Allee (Abb. 9). Die Fabrik wurde zwischen 1869 und 1872 erbaut und gilt als das älteste erhaltene Gebäude Hohenfeldes. Es diente ursprünglich der Herstellung von Mineralwasser durch die Firma Behrmann, die das sprudelnde Wasser bereits seit 1849 in Hohenfelde produzierte. Täglich wurden in dieser Fabrik bis zu 100 000 Flaschen abgefüllt. Das Unternehmen existiert noch immer und betreibt inzwischen, in den 1980er Jahren in eine chemische Fabrik umgewandelt, Labore in Brunsbüttel. Die alten Fabrikhallen beherbergen heute eine private Akademie für Mode und Design.

9+10 ALTE MINERALWASSERFABRIK UND HOHENFELDER APOTHEKE

Ein weiteres Beispiel für die früher zahlreich in Hohenfelde angesiedelten Betriebe ist das ebenfalls noch heute bestehende Traditionsunternehmen »Jasper Rund- und Gesellschaftsfahrten«, das unweit von hier am Mühlendamm seine Anfänge nahm. Das Busunternehmen wurde 1902 von dem Restaurantbetreiber Friedrich Jasper gegründet, der als erster Anbieter in Hamburg Stadtrundfahrten veranstaltete.

Wir gehen nun die Güntherstraße weiter in Richtung Kuhmühle entlang. An der Kreuzung ist unschwer das Gebäude der Hohenfelder Apotheke zu erkennen (Abb. 10). Dr. J. Bartram Mielck eröffnete sie 1875 in einem Vorgängergebäude, das etwas schlichter aussah als jenes, vor dem wir uns befinden. Der Apotheker wollte sich wohl selbst ein Denkmal setzen, als er 1888 den Neubau mit seiner aus Rotklinkern bestehenden neugotischen Backsteinfassade unter der Leitung der Architekten Johann Gottlieb Rambatz und Wilhelm Jolasse errichten ließ. Während der Operation Gomorrha wurde der Dachstuhl mit seinen Turmaufbauten zerstört und nach dem Krieg ohne den ursprünglichen Aufwand repariert, wie man bei genauer Betrachtung erkennen kann. Die pharmazeutische Mielck-Dynastie besteht bis heute in diesem Gebäude fort.

Wir überqueren nun die Straße Kuhmühle und biegen leicht links in die Ifflandstraße ein. Dieser folgen wir bis zu unserer nächsten Station.

5 ALSTERSCHWIMMHALLE / LÜBSCHER BAUM

Wer glaubt, dass die Bauverzögerung und die Kostenexplosion der Elbphilharmonie in der Baugeschichte der Stadt kein Vorbild haben, sollte sich unter anderem von dem futuristisch gestalteten Gebäude, das wir nun vor uns haben, eines Besseren belehren lassen. Die Alsterschwimmhalle, die vermutlich auch aufgrund ihrer Ähnlichkeit mit der Oper in Sydney den Beinamen »Schwimmoper« erhielt, wurde im Jahr 1956 mit veranschlagten Kosten von acht Millionen DM geplant. Durch ein langes Auswahlverfahren über die richtige Gestalt dieser Badeanstalt gingen bis zum Baubeginn viele Jahre ins Land. Nachdem sich Statiker, Architekten und Auftraggeber endlich einig geworden waren, fing man erst 1968 damit an, die Sportanlage für nunmehr angesetzte 25 Millionen DM zu bauen (Abb. 12). Die architektonische Leitung hatten Rolf Störmer, Horst Niessen und Walter Neuhäuser, die Leitung der Statik übernahm der bekannte Ingenieur Jörg Schlaich, der in diesen Jahren auch an der Dachkonstruktion des Olympiastadions in

11 ALSTERSCHWIMMHALLE

München beteiligt war. Auch bei der Alsterschwimmhalle ist das augenscheinlich Besondere des Baus sein Dach, das aus zwei hyperbolischen Paraboloidschalen errichtet wurde (Abb. 11). Die Spannweite dieser nur auf drei Punkten aufruhenden Schalen aus Stahlbeton beträgt 96 mal 64 Meter. Nach etlichen Streitereien zwischen der Baubehörde, den Architekten und dem Statiker wurde die Alsterschwimmhalle schließlich am 19. Januar 1973 mit Baukosten von 36 Millionen DM feierlich eröffnet.

Die Alsterschwimmhalle gilt architektonisch als wegweisend und fand international viel Anerkennung. So spektakulär allerdings das Äußere scheinen mag, ist die Innenausstattung doch eher durch nüchterne Formen geprägt. Da sie neben dem Freizeitspaß auch für Wettkampfzwecke gebaut wurde, verfügt die Badeanstalt über mehrere 50-Meter-Bahnen. Als ihre Besucherzahlen in den Nullerjahren deutlich zurückgingen und das Gebäude immer sanierungsbedürftiger wurde, plante die Betreiberin Bäderland GmbH, das Schwimmbad zu schließen, was aber zu großen Protesten in der Hamburger Bevölkerung führte. 2007 renovierte man das Gebäude für knapp eine Million Euro und erweiterte das Konzept der Anlage um verschiedene andere Sportarten wie beispielsweise ein Fitnessstudio.

Wir folgen nun der Ifflandstraße bis zur Sechslingspforte, biegen in diese links ein und gelangen zur Lübecker Straße. Die kleine, aber recht verkehrsreiche Verbindungsstraße zum Steindamm ist der Lübeckertordamm, wo sich einst das Lübecker Tor als Bestandteil des Neuen Werks befand (vgl. Rundgang 2, Zwischen Lübecker und Berliner Tor). Die Schumacher'sche Gewerbeschule dort haben wir auch schon kennengelernt und blicken von diesem Standort aus einer anderen Perspektive auf das Gebäude der Schule mit dem Beinamen »Am Lämmermarkt«. Nachdem in den 1870er Jahren das Museum für Kunst und Gewerbe gebaut wurde, wurde der zuvor dort stattfindende Jahrmarkt hierher auf die Bürgerweide vor den Toren Sankt Georgs verlegt (vgl. Rundgang 3, Steintor).

13 GASTSTÄTTE »LÜBSCHER BAUM«, 1912

Die große Straße, an der wir uns nun befinden, ist die Lübecker Straße, die heute als Bundesstraße 75 nach Lübeck führt und quasi eine Verlängerung des Steindamms ist. Die anliegenden Gebiete Hohenfelde und Borgfelde kaufte Hamburg im Jahre 1358 den Schauenburger Grafen ab, um eine Schwachstelle im Verteidigungssystem der Stadt zu schließen. Nach dem Kauf der vorgelagerten Wiesen und Felder konnte man nun 1375 einen kleinen Erdwall, die Landwehr, von der Alster durch den Hammerbrook bis zur Bille aufschütten und baute ihn im Laufe der Zeit immer wehrhafter aus.

Die beiden heutigen Quartiere waren also ursprünglich Teile der Hamburger Verteidigungsanlage und durften, um den Blick auf das Schussfeld freizuhalten, nicht besiedelt oder bebaut werden. Um durch die Landwehr nach Hamburg zu kommen, hatte man zwei Zugänge integriert: den Lübschen und den Hammer Boom (»Boom« für Schlagbaum). Der Hammer Boom befand sich unterhalb des Geesthangs, wo eine kleine Straße, Hammer Baum, noch heute an ihn erinnert. Der Lübsche (Lübecker) Boom lag etwa einen Kilometer von unserem jetzigen Standort stadtauswärts an der Kreuzung Lübecker Straße / Landwehr / Winterhuder Weg. Da die Ausfallstraße nach Lübeck seit jeher eine der meistfrequentierten Straßen von und nach Hamburg war, war es geradezu selbstverständlich, dass die Hamburger Stadtverwaltung aus ihrer Nutzung ein Geschäft machte und von den Durchreisenden einen Wegzoll verlangte.

14 EHEMALIGE POLIZEIWACHE

Der Lübsche Boom war aber nicht nur eine Mautstelle für Reisende, sondern seit 1603 auch Raststätte für Fuhrleute, Handelsreisende, Touristen und Stadtsoldaten. Diese kehrten hier allerdings nicht nur zum Kaffee ein: Der Ort war berüchtigt für seine Trinkgelage, die immer wieder so ausuferten, dass der Schlagbaum samt Wachhäuschen und angeschlossener Gastwirtschaft abbrannte. Nach Aufhebung der Torsperre wurde auch dieser Wachposten aufgegeben, die Gastwirtschaft »Lübscher Baum« (Abb. 13) hingegen existierte bis 1995.

Wir folgen nun der Lübecker Straße bis zur Kreuzung Mühlendamm. Nachdem wir diese überquert haben, stoßen wir auf eine kleine Grünanlage, an der die Angerstraße spitz auf die Lübecker Straße zuläuft. Das kleine Haus, das wir hier zwischen den Bäumen stehen sehen, war eine Polizeiwache, die 1914 unter der Leitung Fritz Schumachers fertiggestellt wurde (Abb. 14). Ihre fast idyllische Anmutung war eine Bauauflage, denn das Gebäude sollte sich harmonisch in den umgebenden Park einfügen. Heute befinden sich in diesem Haus Büros einer Wohnungsgenossenschaft.

Wir biegen nun in die Angerstraße ein. Das Schulgebäude, das wir auf der rechten Seite sehen, ist ebenfalls ein Schumacher-Bau. Es wurde zwischen 1926 und 1927 errichtet und beherbergt seither eine Gewerbeschule für gastronomische Berufe. Wir folgen der Angerstraße weiter und erreichen nach etwa 300 Metern die nächste Station.

15 MARIENKRANKENHAUS, UM 1915

6 MARIENKRANKENHAUS

Bevor man damit anfing, mit dem Marienkrankenhaus eine Einrichtung zu bauen, die der Erhaltung von Leben diente, hatte an dieser Stelle für lange Zeit vor allem dessen Vernichtung geherrscht. Widerstand gegen die »schauerlichen und stinkenden« Einrichtungen regte sich in Sankt Georg erst gegen Anfang des 19. Jahrhunderts, als eine immer selbstbewusster werdende Bevölkerung diese nicht mehr in ihrem Viertel dulden wollte. Unter anderem standen dabei der Hamburger Galgen, der sich seit 1554 auf dem Köppelberg befand, und die von den Henkern in unmittelbarer Nähe betriebene Abdeckerei (vgl. Rundgang 2, Das Hochgericht) zur Disposition. 1806 konnten die Sankt Georger durchsetzen, dass die schändlichen Institutionen nach Borgfelde – heute gehört das Gebiet zu Hohenfelde – ausgelagert wurden.

Seinen Ursprung hatte das Marienkrankenhaus aber nicht an dieser Stelle, sondern 1864 in der Langen Reihe 81, als man während des deutsch-dänischen Kriegs dringend ein weiteres Krankenhaus für die verwundeten Soldaten benötigte. Für sie eröffneten die Schwestern der »Kongregation des heiligen Karl Borromäus« dort eine kleine Klinik mit zwölf Betten.

206 Nach dem Krieg wurden in dem Hospital Zivilisten behandelt, und 1873 wurde das Haus um vierzig Betten erweitert. Aber schon bald wurde auch das vergrößerte Krankenhaus wieder zu klein, weshalb man beabsichtigte, die umliegenden Häuser aufzukaufen, um weitere Klinikbauten errichten zu können. Da diese Baumaßnahmen jedoch nicht genehmigt wurden, starteten einige namhafte Gönner wie Emile Nölting und der Konsul Adolf Schramm schließlich einen beispiellosen Spendenaufruf für einen Neubau des Privatkrankenhauses, dem so schillernde Persönlichkeiten wie Kaiserin Auguste, Kaiserin Elisabeth von Österreich (Sisi) und Königin Isabella von Spanien folgten, und bekamen zur Errichtung des Baus von der Stadt das Areal zugewiesen, auf dem wir uns befinden (Abb. 15). Fertiggestellt wurde das Marienkrankenhaus 1882 unter Leitung des Architekten Martin Haller. Die Maria, die über dem Eingangsportal wacht, stammt von dem Künstler Ludwig Kunstmann.

Da die Spendenbereitschaft für das Krankenhaus nicht abriss, konnten in den Folgejahren immer weitere Gebäude hinzugebaut werden. Mit 600 Betten und jährlich bis zu 9000 behandelten Patienten gehört das Marienkrankenhaus heute zu den größten Kliniken in Hamburg.

Zwischen den zwei Hauptgebäuden des Krankenhauses verläuft die Alfredstraße. Diese gehen wir nun bis zum Ende, wo wir zu der Straße Bürgerweide gelangen. An dieser Stelle endet der Stadtteil Hohenfelde, und wir begeben uns auf das Territorium von Borgfelde.

Über den Ursprung des Namens Borgfelde gibt es verschiedene Vermutungen. So könnte es sein, dass er auf eine einst hier befindliche Burgweide der Hammaburg zurückgeht. Aber genauso wahrscheinlich leitet er sich von der Tatsache her, dass Borgfelde früher das Burgfeld der Ritterfamilie von Hamme war, die am Anfang der Hammer Landstraße – bei der heutigen U-Bahn Burgstraße – eine burgähnliche Anlage besaß. Nach einer dritten Variante ist der Namensbestandteil »Borg« von dem niederdeutschen Wort »Barg« abgeleitet, das auf Hochdeutsch »Schwein« bedeutet. Borgfelde wäre also auf einer Schweinewiese gegründet worden. Ob hier nun Burgfräuleins spazieren gegangen sind oder sich die Schweine genährt haben, lässt sich heute nicht mehr endgültig klären, aber bekannt ist, dass das Borgfeld nach der Errichtung des Neuen Werks als Bürgerweide (der Straßenname erinnert noch daran), das heißt als für alle Hamburger und Sankt Georger verfügbares Land zur landwirtschaftlichen Nutzung diente. Wie auf dem Hohen Feld durfte jedenfalls auch auf dem Borgfeld kaum gebaut werden. Ende des 18. Jahrhunderts gab es hier lediglich zehn Anwesen.

Nachdem die napoleonischen Truppen 1813/14 die wenigen Gebäude und die vielen Waldstücke auf dem »hohen Feldt« und in Borgfelde dem Erdboden gleichgemacht hatten, begann die städtische Entwicklung dieser beiden Stadtteile erst Ende des 19. Jahrhunderts (vgl. Exkurs Franzosenzeit). Im Gegensatz zu Hohenfelde mit seiner feuchten Bodenbeschaffenheit bot Borgfelde trockenes Bauland und war bald bei den wohlhabenderen Hamburgern sehr beliebt. Warum das so war, werden wir an späterer Stelle sogar sehen können.

Wir biegen nun rechts in die Straße Bürgerweide ein.

 FRANZOSENZEIT

Zu Beginn des 19. Jahrhunderts waren die Franzosen unter der Regentschaft Napoleons auf Eroberungstour durch den europäischen Kontinent und führten, um ihrem Erzfeind England wirtschaftlich zu schaden, die Kontinentalsperre ein. Diese Sperre hatte den Zweck, dass britische Exportgüter Kontinentaleuropa nicht mehr erreichten. Um die Wirtschaftsblockade durchzusetzen, wurde Hamburg als eine der für den Handel der Angelsachsen wichtigsten europäischen Hafenstädte am 19. November 1806 besetzt, der Handel mit England verboten, und die in der Stadt befindlichen britischen Waren wurden beschlagnahmt.

Durch die Blockade gingen viele Hamburger Kaufleute, die sich auf den Handel mit England spezialisiert hatten, bankrott. Eine steigende Arbeitslosigkeit und die mit ihr einhergehende Armut – die Einführung einer Sozialversicherung war zu dieser Zeit noch weit entfernt – waren die Folge. Viele mittellose Hamburger verließen nun die Stadt, und wer blieb, wurde mit wuchernden Sondersteuern und der Versorgung der französischen Soldaten, in Sankt Georg häufig auch mit ihrer Zwangseinquartierung, belastet. Übergriffe der Soldaten und Plünderungen waren an der Tagesordnung.

Die Leidenszeit der Sankt Georger während der Belagerung beschreibt der Zeitzeuge J. H. C. Behrmann so: »Wen spricht nicht die verwüstete Vorstadt mit ihren Trümmern, ihren verödeten Gärten, ihren verheerten Alleen auf die traurigste Art an? Nirgends wüthete während der letzten Schreckenszeit der rohen Krieger willkührlicher, als eben dort. Getrennt von der Stadt durch den Wall, war für den Vorstädter [...] keine schnelle Hülfe möglich, und eben dieser Wall sicherte dem Frevler die ungestrafte Ausführung seines Verbrechens. [...] Willkührlich wurden in jener traurigen Belagerungszeit die Kasernen gewechselt, und bloß der Soldaten-Muthwille vertauschte 50 verwüstete Häuser mit 50 anderen, um auch die zu verwüsten. [...] Die Hälfte der Einwohner der Vorstadt war ausgewandert, und die übriggebliebenen mußten auf eine ihrer Zahl und ihren Kräften gleich unangemessene Weise jene furchtbare Natural-Einquartierung tragen [...]«

Am 1. Januar 1811 wurde Hamburg per Dekret zur Hauptstadt des Département des Bouches de l'Elbe (Elbmündung), dem unter anderem auch die Gebiete des Herzogtums Lauenburg sowie die Städte Lübeck und Lüneburg angehörten, ernannt und war nun offiziell ein Teil des französischen Kaiserreichs. Öffentliche Ämter und Posten wurden von französischen Beamten besetzt, die vormals vom Landvogt und Landherrn regierten Teile Hamm und Horn wurden zu Kantonen, und junge Männer aus der ganzen Region waren zum Dienst in der französischen Armee gezwungen. Den Hamburger Senat lösten die Besatzer auf und ersetzten ihn durch einen Munizipalrat. Die Hamburger Gesetzgebung wurde schließlich vom französischen Code Civil abgelöst, und zum Bürgermeister (Maire) wurde Amandus Augustus Abendroth (1767–1842) ernannt.

Um sich vor Angreifern zu schützen – die Belagerung war für zwei Monate durch russische Truppen unter dem Oberst Friedrich Karl von Tettenborn unterbrochen worden –, ordnete die Departementsregierung unter Leitung des französischen Generalgouverneurs Louis-Nicolas Davout 1813 an, die besiedelten Gebiete rings um Hamburg – also unter anderem Sankt Georg, das »hohe Feldt« (Hohenfelde), Borgfelde sowie Hamm – dem Erdboden gleichzumachen, damit ein freies Schussfeld entstand. Im Rahmen dieser Abrissarbeiten wurde Hamburg zu einer Festung ausgebaut und die Hamburger Bevölkerung zu ihrer Errichtung zwangsverpflichtet.

Einen weiteren traurigen Höhepunkt erreichte die Belagerung zu Weihnachten 1813, als jene etwa 20 000 Hamburger aus der Stadt vertrieben wurden, die sich nicht für mindestens sechs Monate selbst mit Lebensmitteln versorgen konnten. Viele von ihnen flohen nach Altona, Ottensen und Lübeck, 1183 Menschen starben auf der Flucht. Von den französischen Soldaten kamen während der Belagerungszeit in Hamburg etwa 10 700 ums Leben, die meisten Toten wurden auf dem Friedhof in Sankt Georg an der Kirchenallee bestattet.

Am 31. Mai 1814 wurde Hamburg schließlich durch alliierte Truppen aus Russland und den »Verein Hanseatischer Kampfgenossen« von den Franzosen befreit, das Département Elbmündung aufgelöst, und Davout zog mit seinen verbliebenen 25 000 Soldaten ab.

7 HIOBS-HOSPITAL / ALIDA-SCHMIDT-STIFT

Borgfelde, das mit seiner nicht einmal einen Quadratmeter großen Fläche zu den kleinsten Quartieren Hamburgs zählt, wurde 1943 nahezu vollständig zerstört und nach dem Krieg wegen des großen Bedarfs an Wohnraum

16+17 HIOBS-HOSPITAL UND ALIDA-SCHMIDT-STIFT

zügig wieder aufgebaut. Vor dem Zweiten Weltkrieg lebten hier fast 25 000 Menschen, heute sind es nur noch knapp 6500. Aber bei aller Dominanz der Funktionsbauten aus den 1950er Jahren hat Borgfelde auch einige steinerne Zeugen der Vorkriegszeit zu bieten.

An der Bürgerweide 25 steht das Hiobs-Hospital, dessen ursprünglicher Standort sich in der Spitalerstraße in der Altstadt befand. Dort wurde es bereits 1505 von einer wohltätigen Bruderschaft zur Verpflegung von Syphilis-Kranken errichtet und 1824 in ein Wohnstift für alte Frauen umgewandelt. Als sich Ende des 19. Jahrhunderts die Hamburger Altstadt allmählich zu einem Geschäftsviertel entwickelte, mussten die dort ansässigen Stiftungsgebäude weichen, und man wies ihnen Flächen in dieser Straße zu.

Das Hiobs-Hospital wurde 1884 von Manfred Semper und Karl Friedrich Phillip Krutisch als Vierflügelanlage mit einer repräsentativen Fassade aus rotem Backstein mit Werksteingliederung im Stil der nordniederländischen Renaissance erbaut, wobei die Architekten unter anderem auch den mittelalterlichen Turmaufbau des Ursprungsbaus hierher kopierten (Abb. 16). So imposant die Frontansicht dieses Hauses aber auch scheinen mag, die Wohnungen waren ursprünglich sehr einfach, klein und zweckmäßig. Seit 2005 steht das Gebäude unter Denkmalschutz und bietet heute immer noch 64 Wohnungen für ältere Frauen an.

Gleich nebenan befindet sich ein weiteres Stiftungsgebäude, das Alida-Schmidt-Stift (Abb. 17). Diese Stiftung geht auf Ida Schmidt zurück, die 1828 in eine reiche Kaufmannsfamilie hineingeboren wurde und das Stift dem Gedenken ihrer 1873 im Alter von 23 Jahren gestorbenen Tochter widmete. Unter der Leitung von Albert Rosengarten wurde das Stiftungsgebäude 1875 ebenfalls als Vierflügelanlage erbaut. Insgesamt entstanden 34 Wohnungen »zur Unterstützung hülfsbedürftiger, unbescholtener Witwen und Jungfrauen«. Nach dem Tod der Stifterin im Jahr 1904 ging die Trägerschaft der Stiftung an die Stadt Hamburg über.

Wir gehen nun die Bürgerweide stadteinwärts bis zur nächsten großen Kreuzung entlang und wechseln dort die Straßenseite. Rechts neben dem Hochhaus befindet sich die Jungestraße. Dieser folgen wir bis zu ihrem Ende.

8 HAUS DES DEUTSCHEN BAUARBEITERVERBANDES / ERLÖSERKIRCHE

Die Querstraße, auf die wir nun stoßen, ist nach dem niederdeutschen Dichter und Schriftsteller Klaus Groth (1819–1899) benannt und hieß zuvor Mittelweg beziehungsweise »Hinter Borgfelde«. Sie verläuft direkt am Geesthang entlang und bot einst attraktive Bauflächen für wohlhabende Hamburger, die sich hier nach und nach ihre Villen bauen ließen.

Borgfelde ist, ähnlich wie Hamm, durch den Verlauf des Geesthangs ein geteilter Stadtteil, unterteilt in Oben Borgfelde und Unten Borgfelde. Das obere Borgfelde haben wir bereits erkundet, und den unteren Teil behandelt ein Exkurs (vgl. Exkurs Hamm-Süd / Unten Borgfelde). Zu Beginn des 19. Jahrhunderts lebten in diesem Stadtteil gerade einmal 284 Einwohner in einer ländlichen Idylle, bis auch ihre Häuser und Bäume der Verteidigungsstrategie der Franzosen zum Opfer fielen. Nach der Beendigung der französischen Besetzung muss es hier so wüst ausgesehen haben, dass die Hamburger sogar Ausflüge unternahmen, um sich einen Eindruck von den Planierungen zu verschaffen. Erholung von diesem Anblick boten ihnen mehrere Gaststätten, deren erste von ihrem Besitzer den trefflichen

18 BORGFELDER STRASSE, UM 1890

Namen »Zum Frohsein nach trüben Stunden« erhielt und bei den Sensationstouristen sehr beliebt war.

Ende des 19. Jahrhunderts wurde schließlich auch Borgfelde großstädtisch bebaut, wobei vor allem der spektakuläre Ausblick vom Geesthang den Ort sehr begehrt und dementsprechend teuer machte (Abb. 18+19). Wie bereits erwähnt, haben allerdings so gut wie keine Gebäude aus jener Zeit den Sommer 1943 überstanden.

An der Ecke Klaus-Groth-Straße / Jungestraße befindet sich ein als »Haus des allgemeinen Deutschen Bauarbeiterverbandes« 1911 unter der Leitung des Architekten Albert Krüger errichtetes eindrucksvolles Gebäude (Abb. 20). Die Fassade sollten wir etwas eingehender betrachten, denn sie wurde mit Bedacht im Backsteinrohbau ausgeführt, was den Maurern eine Art Bühne bot, um ihr Können und ihre Baukunst sichtbar zu machen. In den Brüstungen der Erdgeschossfenster sind Reliefs angebracht, die symbolisch die verschiedenen Bauhandwerke darstellen, die Inschrift »Einigkeit macht stark« ist eine gewerkschaftliche Losung. Dass dieses Haus heute noch steht, verdankt sich Nutzern wie dem Roten Kreuz und der Feuerwehr, die während des Kriegs hier untergebracht wurden. Trotz erheblicher Beschädigung riss man es nicht ab, sondern baute es nach den Angriffen zügig wieder auf, um den Betrieb der elementaren Dienste zu gewährleisten. Heute hat in diesem Gebäude, das auch über einige Wohnungen verfügt, die Industriegewerkschaft »Bauen – Agrar – Umwelt« ihren Sitz.

Gegenüber dem Gewerkschaftsgebäude steht die Erlöserkirche. Dass sich hier eine Kirche befindet, ist ähnlich wie die Entstehung der Sankt Gertrud-Kirche ein Ergebnis des rasanten Bevölkerungswachstums im ausgehenden 19. Jahrhundert. Zuvor hatten die Borgfelder ebenso wie die Hohenfelder den Weg nach Sankt Georg antreten müssen, wenn sie den Gottesdienst besuchen wollten (vgl. Station 3, Kuhmühlenteich). Der Bau eines eigenen Gotteshauses für den Stadtteil geht auf die Initiative namhafter Borgfelder zurück, die sich damit von ihrer Muttergemeinde Sankt Georg lösten. Ermöglicht wurde der aus Backstein gefertigte Kuppelbau durch Spenden, die Leitung lag bei dem Architekten Georg Thielen. Nach ihrer Fertigstellung 1903 bot die Kirche insgesamt 610 Gläubigen Platz (Abb. 21). Während der Bombennächte 1943 wurde sie zerstört, das restliche Mauerwerk nach dem Krieg gesprengt.

1952 wurde dann der Nachfolgebau nach Plänen von Friedrich Ostermeyer und Henry Schlote errichtet. Ein Kirchturm folgte 1957, das Gemeindehaus 1961 und die Kindertagesstätte 1974 (Abb. 22). An der Ostwand des Kirchenschiffs wurde zum Gedenken an die Opfer beider Weltkriege ein Mahnmal angebracht.

19+20 BORGFELDER STRASSE AM GEESTHANG, UM 1900, UND GEWERKSCHAFTSHAUS HEUTE

21+22 ERLÖSERKIRCHE, ANFANG DES 20. JAHRHUNDERTS UND HEUTE

2004 vereinigte sich die Gemeinde der Erlöserkirche wieder mit den Sankt Georgern zur Kirchengemeinde Sankt Georg-Borgfelde. Seit einigen Jahren feiern hier die überwiegend aus Ghana stammenden Mitglieder der »African Christian Church Hamburg« und der »United Methodist Church« ihre Gottesdienste. Einen Besuch wert sind die Gospelgottesdienste, die an jedem zweiten Sonntag im Monat um 18 Uhr stattfinden.

Wir gehen nun die Klaus-Groth-Straße weiter stadtauswärts. Bei der Hausnummer 23 passieren wir eine ehemalige Speditionshalle, in der sich seit 2004 das Off-Theater »Hamburger Sprechwerk« befindet. Dieses Theater bietet vom klassischen Drama über die Komödie bis zum zeitgenössischen Tanz ein vielseitiges Programm. Wir folgen der Straße weiter bis zur Hausnummer 70. Auf der rechten Seite hinter dem Gebäude verläuft der Borgfelder Stieg, dem wir bis zur Fußgänger- und Fahrradstraße Oben Borgfelde folgen. Dort biegen wir links ab. Auf dem Weg lässt sich leicht nachvollziehen, warum diese Gegend so beliebt war, denn zur rechten Seite hat man einen weiten Ausblick über den Brook. Am Ende der Straße befindet sich die U-Bahn-Station Burgstraße, wo wir am besten die U-Bahn nehmen und eine Station bis zur Hammer Kirche fahren. Die nächste Station, der Hammer Park, ist in der Haltestelle ausgeschildert.

HAMM-SÜD / UNTEN BORGFELDE

Die Stadtteile Hamm und Borgfelde sind jeweils durch den Geesthang zweigeteilte Quartiere. Während die auf dem Geestrücken gelegenen Flächen durch ihre trockene Bodenbeschaffenheit stets problemlos
bebaubar waren, befanden sich die Teile Unten Borgfelde und Hamm-
Süd in der feuchten Niederung des »Hammer Brooks«. Lediglich ein
kleiner Streifen unterhalb des Rückens, am heutigen Verlauf der Borgfelder Straße und der Hammer Landstraße, war für die Errichtung der
vielen Gartenanlagen an diesem Standort trocken genug (vgl. Rundgang 3, Besenbinderhof; Rundgang 5, Münzviertel). An diese Garten-
tradition erinnern heute noch die Namen einiger von diesen beiden
Hauptverkehrsachsen abzweigender Querstraßen wie Beltgens Garten,
Borstelmannsweg oder Brekelbaums Park. Letzterer benannt nach dem
Architekten Johann Heinrich Martin Brekelbaum (1836–1901), der hier
mehrere Gartenhäuser entwarf und bauen ließ. Die übrigen, vom Geesthang in Richtung Bille und Elbe gelegenen Areale waren, wie bereits
im fünften Rundgang beim Mittelkanal beschrieben, Gegenstand einer
mühevollen Trockenlegung der Niederung.

Ab 1877 wurde den Zimmerleuten, die im Zuge der Auflösung
des Borgesch Sankt Georg verlassen mussten (vgl. Exkurs Borgesch),
zwischen der heutigen Wendenstraße, der Sorbenstraße und dem Aus-
schläger Weg für dreißig Jahre eine Ersatzfläche zugewiesen.

Erst relativ spät wurden diese Flächen großstädtisch bebaut, wofür
man das Gebiet 1906 um fast sieben Meter aufschüttete. In dieser Zeit
wurde auch die Borgfelder Straße ausgebaut und auf zwanzig Meter ver-
breitert. Den steilen Geesthang befestigte man mit einer Basaltmauer,
die in Teilen heute noch zu erkennen ist. Insgesamt zehn großzügig
gestaltete Treppenaufgänge, die die beiden Teile Borgfeldes – Unten
Borgfelde und Oben Borgfelde – verbanden, wurden zwischen künst-
lich angelegten Grotten und Beeten eingelassen. Eine weitere Besonderheit befand sich im Gebiet der Borgfelder Straße bereits seit 1633,

als man hier eine als heilsam angesehene Quelle entdeckte. Sie wurde bald Gesundbrunnen genannt, die Straße Beim Gesundbrunnen erinnert noch daran.

Ähnlich wie der Stadtteil Hammerbrook wurden die Quartiere Hamm-Süd und Unten Borgfelde vor allem mit Arbeitersiedlungen sowie Fabriken und Gewerbeanlagen bebaut, von denen ein großer Teil die Bombennächte von 1943 allerdings nicht überdauerte. Nur wenige architektonische Zeugen aus jener Zeit haben den Feuersturm überstanden, wie die 1915 fertiggestellte Papierfabrik der Firma Lehmann & Hildebrandt in der Wendenstraße 489, in der sich seit 1982 die Stiftung für berufliche Bildung (SBB) befindet, oder die 1908 erbaute Schokoladenfabrik der Firma Reese & Wichmann, die vor allem durch die klassischen Weihnachtsschokokringel mit den bunten Streuseln bekannt wurde. Ihr ehemaliges Fabrikgebäude wurde in den 1990er Jahren zu einem Wohnhaus umgebaut.

Eine weitere traditionsreiche Institution befindet sich auch heute noch in der Süderstraße, das Hamburger Tierheim. 1841 vom »Verein gegen Tierquälerei« gegründet, gilt es als eines der größten und modernsten Tierheime Europas.

9 HAMMER PARK

Das Dorf Hamm wurde erstmals 1256 urkundlich erwähnt und bestand aus lediglich zwölf »Hufen«, also Bauernhöfen. Das altsächsische Wort »ham« bezeichnet jede denkbare Art von Landschaftsübergängen, wie etwa zu einem Wald, einem Sumpf oder auch Hügeln beziehungsweise Bergen. Drei dieser geografischen Merkmale erfüllte das Dorf Hamm, denn es war von dichten Laubwäldern, der »Hamme«, umgeben und lag auf dem Geestrücken am Hang, dessen Niederung, der Hammerbrook, ein sumpfiges Marschland war. Hartnäckig hält sich auch die Theorie, dass der Name »Hamburg« auf das Dorf am Geesthang zurückgeht, allerdings konnte diese Annahme nie belegt werden. 1383 wurde Hamm, das zu den Besitztümern der Schauenburger Grafen gehörte, von den Hamburgern gepachtet und später gekauft, seit 1410 war es ein Teil der Landherrenschaft Hamm und Horn. Bereits im 17. Jahrhundert entdeckten die wohlhabenden Hamburger auch diesen Flecken hinter der Landwehr und bauten hier nach und nach ihre Villen für die Sommerfrische (Abb. 23).

23 SOMMERHAUS IN HAMM, UM 1900

Der heutige Hammer Park war über Jahrhunderte ein landwirtschaftlich genutztes Areal und gehörte im 17. Jahrhundert dem Kaufmann Peter Burmester, der sich später auch für die Errichtung der Dreifaltigkeitskirche einsetzte. Das Gelände umgab das Wohnhaus Burmesters, das zusammen mit den umliegenden Besitztümern »Hammer Hof« genannt wurde und im Laufe der Jahrzehnte immer wieder seinen Besitzer wechselte. 1773 erwarb der in Genf geborene Kaufmann Jacques de Chapeaurouge den Hammer Hof, kaufte im Laufe der Jahre weitere Ländereien hinzu und gestaltete das Anwesen nach und nach in eine Parkanlage nach englischem Vorbild um, die unter anderem von Pflanzen und Bäumen aus südlichen Gefilden sowie einer hölzernen Burgruine geschmückt wurde. In einem Reisebericht von 1803 schwärmt ein Besucher:

»Unter den Gärten Hamburgischer Gartenliebhaber in dieser Gegend ist der des Herrn Chapeaurouge, durch das Bestreben, einer allzu flachen Lage durch Kunst verständig abzuhelfen, sowie durch seinen weiten Umfang einer von den ausgezeichnetsten. Mit großem Vergnügen durchwandern wir ihn, da er von dem humanen Besitzer der öffentlichen Beschauung offen gelassen wird. Es ist vieles in diesen Gartenanlagen wohl gelungen: die verschiedenen Baum- und Gebüscharten

24 HAUS DER FAMILIE SIEVEKING IM HAMMER PARK, 1889

sind mit Verstand angewendet; [...] bequeme Wege durchirren diese beschatteten lieblichen Stellen ohne Zwang und winden sich über weite Grasflächen und an künstlichen Blumenbeeten vorbei [...] und gewähren den Anblick eines schönen Landschaftsgemäldes.«

Dieses Idyll fand sein vorläufiges Ende im Winter 1813/14, als die französischen Streitkräfte im Zuge ihrer Verteidigungsstrategie auch die Gebäude in Hamm niederrissen und die Wälder abholzten. Schon 1819 jedoch begann der Sohn Chapeaurouges, Jean Dauphin, mit dem Wiederaufbau der Parkanlage und ließ ein neues Herrenhaus errichten (Abb. 24), dessen Fundament noch heute im Zentrum des Parks sichtbar ist. Durch eine Heirat der Tochter Caroline Henriette Chapeaurouge ging der Park schließlich in den Besitz der Familie Sieveking über, und Karl Sieveking gestaltete das Anwesen in einer Kombination aus Gutshof und Gartenkunst nach dem

Vorbild der Gärten seines Patenonkels Caspar Voght (1752–1839) in eine »Ornamented Farm« um. Der Senatssyndicus Sieveking war neben seiner diplomatischen Tätigkeit und seinen Verpflichtungen in der Stadtverwaltung überhaupt ein kulturell engagierter Mann. Er förderte unter anderem die schönen Künste und gründete gemeinsam mit anderen Mäzenen den Kunstverein.

1833 kam es auf dem Hammer Hof zu einem folgenschweren Treffen zwischen Sieveking und dem christlichen Sozialreformer und Theologen Johann Hinrich Wichern (Abb. 25, 1808–1881), dem kurz

25 JOHANN HINRICH
WICHERN (1808–1881)

zuvor die Leitung der von Johann Wilhelm Rautenberg (1791–1865) gegründeten Sonntagsschule in Sankt Georg mit angeschlossenem »Besuchsverein« angetragen worden war (vgl. Rundgang 2, Beim Strohhause). Die sozialen Zustände, auf die Wichern traf, waren beklagenswert, denn von dem zunehmenden wirtschaftlichen Wohlstand in Hamburg profitierten nur die wenigsten, etliche Bürger der Stadt lebten an der Armutsgrenze, und am schlimmsten traf es die Kinder. Wurden diese dann beim Herumvagabundieren oder beim Betteln aufgegriffen, so nahm man sie in Gewahrsam und versuchte sie mit den Mitteln des Zuchthauses auf die rechte Bahn zu bringen.

Wichern hingegen setzte sich für eine humanistisch geführte »Rettungsanstalt« ein, in der die Kinder weniger durch Drill und Wegsperren diszipliniert als mit christlicher Liebe begleitet werden sollten. Dieser Ansatz war zur damaligen Zeit neu und fand die Unterstützung Sievekings, der der »Rettungsanstalt« 1833 einen Teil seines Flurstücks in dem damals noch dörflichen Horn für einen geringen Mietzins zur Verfügung stellte. Auf diesem Grundstück stand ein altes und einfaches Bauernhaus, das allgemein als »Ruges Hus« bekannt war. Die Übersetzung dieses Namens ist bis heute nicht eindeutig und hätte vielleicht besser »Rotes Haus« gelautet, aber mit der Zeit setzte sich der Name »Rauhes Haus« durch. Das pädagogische Konzept Wicherns jedenfalls wird von der Institution dieses Namens bis heute fortgeführt und konnte in der Zeit des über 180-jährigen Bestehens des »Rauhen Hauses« immer weiter ausgeweitet werden.

Als die Expansion Hamburgs Hamm erreichte, wurde das Dorf 1871 zunächst zur Hamburger Vorstadt und 1894 als Stadtteil eingemeindet. An der nun einsetzenden großzügigen Bebauung des Quartiers verdienten die Grundeigentümer nicht schlecht, und natürlich stand bald auch das Areal des Hammer Hofes zur Disposition. Erst nach langen Verhandlungen einigten sich die Erben Sievekings und die Stadt schließlich darauf, dass der Hof als »Stadtpark der östlich gelegenen Gebiete Hamburgs« weiterbetrieben werden sollte, und so ging 1914 ein Teil des Hammer Hofes, der nun »Hammer Park« genannt wurde, in den Besitz der Stadt über. Für die neue Gestaltung war der damalige Erste Gartenbaudirektor Otto Linne (1869–1937) verantwortlich, der auch maßgeblich die Anlage des Hamburger Stadtparks prägte und aus dem vormals englischen Garten einen Volkspark zur »Gesundung der arg durch die Industrialisierung gebeutelten Menschen« machte. In das ehemalige Herrenhaus zog kurzzeitig das Kirchenpauer-Realgymnasium ein und anschließend ein Restaurant. Das umliegende Gebiet wurde indes großstädtisch mit Etagenhäusern bebaut, und Hamm entwickelte sich zu einem der bevölkerungsreichsten Stadtteile Hamburgs. 1937 lebten hier fast 100 000 Menschen.

Im Krieg wurde der Stadtteil Hamm durch den Feuersturm fast vollständig zerstört und danach, den Erfordernissen der Zeit gehorchend, auf funktionale Weise neu bebaut. An den kopfsteingepflasterten Straßen lassen sich aber noch heute die alten Wege des Stadtteils nachvollziehen. Auch der Hammer Park inklusive des Herrenhauses wurde zerstört und anschließend als Parkanlage im Stil der 1950er Jahre mit erstaunlich vielen Freizeitangeboten wiedererrichtet (Abb. 27). Neben den Liegewiesen, einem Tennis- und Fußballplatz sowie einem Planschbecken für Kinder findet man dort eine Garten-Schachanlage, ein Café, eine Minigolfanlage und einen Kräutergarten, den die Anwohner des Parks selbst bepflanzen und abernten dürfen. Auch die Anhöhe an der Sievekingsallee / Hammer

26+27 HAMMER PARK MIT HÖLZERNER BURGRUINE, 1807, UND HECKENGARTEN HEUTE

Steindamm, wo einst die hölzerne Burgruine stand (Abb. 26) und die Chapeaurouges in den 1820er Jahren gar Versuche machten, Wein anzubauen, ist noch vorhanden und wird im Winter gern als Rodelberg genutzt. Noch heute gilt der Hammer Park als Kleinod zwischen Backsteinen.

Wir wenden uns nun vom Park ab und gehen wieder zurück in Richtung U-Bahn-Station Hammer Kirche.

10 DREIFALTIGKEITSKIRCHE

Die ursprüngliche »Ham und Hörner Kirche zur Heiligen Dreyfaltigkeit« wurde hier, wo sich heute ein eher ungewöhnlicher Kirchenbau befindet, auf Initiative des Kaufmanns Peter Burmester gebaut und im Jahre 1693 eingeweiht. Wie Borgfelde und Hohenfelde gehörte auch Hamm der Kirchengemeinde Sankt Georg an und hatte keine eigenen Gottesdienste. Die ursprüngliche Dreifaltigkeitskirche war ein niederdeutscher Fachwerkbau mit barocken Gestaltungselementen und einem Tonnengewölbe, in dessen Innenraum sich ein kunstvoll geschnitzter, zehn Meter hoher Kanzelaltar des Künstlers Valentin Preuß (etwa 1660–1725) befand (Abb. 28). Die Bauweise der Kirche war für die Region nicht unüblich. In den Vier- und Marschlanden findet man noch heute ähnlich gestaltete Gotteshäuser. Eine besondere Praxis war der Verkauf von Grabplätzen in der Nähe

28 ALTE DREIFALTIGKEITSKIRCHE VON 1693

des Altars. Sie folgte der weitverbreiteten Vorstellung, dass die Bestatteten dem Himmel umso näher seien, je dichter ihr Begräbnisplatz zum Altar liege. Aus hygienischen Gründen wurden die Bestattungen im Kircheninneren aber schließlich von dem Senator Amandus Augustus Abendroth 1829 verboten.

Während des Winters 1813/14 blieb die Kirche von den zerstörerischen Aktionen der Franzosen verschont und war so ein weithin – bis zum Lübecker Tor – sichtbares Zeichen inmitten des von den Besatzern planierten Geländes. Vernichtet wurde die alte Hammer Kirche im Zweiten Weltkrieg etwa einen Monat vor ihrem 250-jährigen Bestehen, als sie dem Feuersturm zum Opfer fiel.

Bereits ein Jahr nach dem Krieg wurde 1946 an der Stelle der alten Kirche eine hölzerne Notkirche errichtet, die durch Spenden des Ökumenischen Weltkirchenrats möglich geworden war und aus Fertigbauteilen bestand, wie sie im Rahmen des Kirchennotbauprogramms entwickelt worden waren. Hatte man zu Anfang der 1950er Jahre noch die Idee verfolgt, die alte Hammer Kirche zu rekonstruieren, so verwarf man den Plan schon bald, und der Kirchenvorstand schrieb im Sommer 1953 einen Architektenwettbewerb für den Neubau aus. Von den Wettbewerbsbeiträgen wurden schließlich zwei Entwürfe ernsthaft diskutiert. Der eine stammte von den Architekten Bernhard Hopp und Rudolf Jäger und wirkte mit seinen neogotischen Stilelementen wie eine repräsentative Kathedrale, den anderen Entwurf verantwortete

29 DREIFALTIGKEITSKIRCHE HEUTE

der Architekt Richard Riemerschmid (1868–1957) und stellte mit seinem spektakulären Vorschlag für einen modernen Sakralbau große Teile des Kirchenbaus der Nachkriegszeit in den Schatten. Als Bestandteil des Verfahrens stellte der Kirchenvorstand beide Entwürfe öffentlich aus und ließ die Gemeinde darüber abstimmen. Obwohl die Entscheidung in einem Verhältnis von sechzig zu vierzig zugunsten des Entwurfs von Hopp und Jäger ausfiel, setzte der Vorstand allerdings den avancierten Plan von Riemerschmid durch. Im September 1955 wurde der Grundstein gelegt, und bereits 1957 konnte die Kirche eingeweiht werden.

Die Grundform von Riemerschmids Bau bezieht sich auf einen biblischen Vers aus der Offenbarung des Johannes: »Ich bin das A und O spricht der Herr, der da ist und der da war und der da kommt, der Allmächtige.« Dabei bilden die zu einem A zusammenlaufenden Betonwände des 42 Meter hohen Kirchturms das griechische Alpha und das zum Friedhof hin,

224 von zehn auf 19 Meter ansteigende Kirchenschiff das Omega (Abb. 29). Von der Hamburger Bevölkerung wurde dieser symbolisch aufgeladene und zu seiner Zeit modernste Kirchenneubau Norddeutschlands allerdings mit gemischten Gefühlen aufgenommen und wegen seiner eigenwilligen Form mit Namen wie »Seelensprungschanze« oder »Gottesgasometer« bedacht. Der Kunsthistoriker Hermann Hipp sieht in dem Ensemble die »Erlösungshoffnung des apokalyptischen Bombenkriegs« verkörpert und kann sich dabei auf die zahlreichen biblischen Motive stützen – die Säule am Ende der überstehenden Westwand etwa wurde 1967 von dem Künstler Karlheinz Hoffmann (1925–2011) mit Motiven aus der Offenbarung gestaltet.

Wir gehen nun durch den Turm hindurch und gelangen so auf die Rückseite der Kirche zum alten Hammer Friedhof.

11 HAMMER FRIEDHOF

Der »Gottesacker« hinter der Kirche wurde zusammen mit der alten Hammer Kirche 1693 eingeweiht und stand bis 1894 für Bestattungen zur Verfügung, als man an der Wandsbeker Chaussee den neuen Hammer Friedhof anlegte. Aufgrund seiner kulturhistorischen Besonderheit wurde der Friedhof bereits 1923 unter Denkmalschutz gestellt (Abb. 30).

So wie der Stadtteil fiel auch der Friedhof dem Feuersturm zum Opfer, lediglich einige Grabsteine konnten anschließend wieder hergerichtet werden. Neben

30 HAMMER KIRCHE UND FRIEDHOF, UM 1900

31+32 MAUSOLEUM DER FAMILIE SIEVEKING UND GRABSTELLE WICHERN

verschiedenen Gedenksteinen, die an die beiden Weltkriege gemahnen und an die französische Besatzung zwischen 1806 und 1814 erinnern, finden sich hier einige Gräber von Persönlichkeiten, denen wir auf den sechs Touren in diesem Buch begegnet sind. So ist etwa gleich hinter dem Kirchenschiff der Senator Amandus Augustus Abendroth bestattet, der während der Franzosenzeit als Bürgermeister Hamburgs eingesetzt wurde. Am auffälligsten ist das Mausoleum der Familie Sieveking, das sich auf einer kleinen Anhöhe am Ende des Friedhofs befindet (Abb. 31). Das von Alexis de Chateauneuf entworfene Grabmal ist wahrscheinlich das älteste Mausoleum in Hamburg. Hier liegen neben Karl Sieveking und seiner Frau unter anderem die Enkeltochter von Jacques de Chapeaurouge, Caroline Henriette, sowie die Stiftungsgründerin und Wohltäterin Amalie Sieveking, die ihrem Wunsch entsprechend in einem Armensarg und unter großer Anteilnahme der Hamburger Bevölkerung im Grab der Familie beigesetzt wurde (vgl. Rundgang 4, Amalie-Sieveking-Stift). Und nicht zuletzt fand unweit dieser Grabstätte der christliche Sozialreformer und Gründer des »Rauhen Hauses« Johann Hinrich Wichern 1881 seine letzte Ruhestätte (Abb. 32).

CAFÉS / RESTAURANTS

Alsterperle
Eduard-Rhein-Ufer
www.alsterperle.com
→ *beliebtes Café am Alsterufer*

Anleger 1870
Hartwicusstraße 7
www.anleger1870.com
→ *Restaurant und Bar direkt am Ufer des Mundsburger Kanals*

Café Smögen
Klaus-Groth-Straße 28
www.cafe-smoegen.de
→ *sehr kleines, aber sehr gemütliches Café*

Café Soleado
Hartwicusstraße 20
→ *Café am Mundsburger Kanal*

Croques & Crêpes
Burgstraße 12
→ *kleiner, sehr empfehlenswerter Croqueladen*

Il Lago
Mundsburger Damm 17a
→ *kleines Eiscafé am Mundsburger Kanal*

Little Lola
Ifflandstraße 16
www.littlelola.de
→ *Café gegenüber der Alsterschwimmhalle*

Opitz-Speisewirtschaft
Mundsburger Damm 17
www.restaurant-opitz.de
→ *alteingesessenes Restaurant mit überwiegend Hamburger Spezialitäten*

Parkblick
Hammer Steindamm 108
www.restaurant-parkblick.de
→ *Restaurant und Café mit Sommerterrasse direkt am Hammer Park*

Restaurant Hammer Park
Hammer Hof 1 A
www.restaurant-hammer-park.de
→ *gutbürgerliches Restaurant direkt am Hammer Park*

LÄDEN

Hohenfelder Apotheke
Kuhmühle 2
www.apotheke-hamburg-hohenfelde.de
→ *Traditionsapotheke im historischen Gebäude*

House of Coffee
Ifflandstraße 67
www.houseofcoffee.jimdo.com
→ *Fachhandel für fast alles rund ums Thema Kaffee*

Rettungsbrot Bäckerei
Klaus-Groth-Straße 40
www.bio-baeckerei-rettungsbrot.de
→ *kleine Bio-Bäckerei*

Seitenweise
Hammer Steindamm 119
www.seitenweise-hh-hamm.de
→ gutsortierte Stadtteilbuchhandlung

HOTELS

Hotel Mare
Armgartstraße 14
www.hotel-mare.de
→ kleines, feines Hotel an der Alster

Hotel Volksschule
Hübbesweg 9
www.hotel-volksschule.de
→ Hotel in den Räumlichkeiten einer
Volksschule von 1888

FREIZEIT / SPORT

Alster-Schwimmhalle
Ifflandstraße 21
www.baederland.de
→ Futurismus von gestern – eine
Hamburger Architektur-Ikone

Hamburger Turnerschaft von 1816
Sievekingdamm 7
www.ht16.de
→ ältester Turnverein der Welt mit reich-
haltigen Sportangeboten

Sportspaß e.V.
Westphalenweg 11
www.sportspass.de
→ Freizeitsportverein mit Fitnesscenter

KULTUR

Das kleine Hoftheater
Palmerstraße 19
www.hoftheater.de
→ kleines Privattheater u.a. für Komödien

Fabrik der Künste
Kreuzbrook 12
www.hoftheater.de
→ wechselnde Ausstellungen in einer alten
Lagerhalle im unteren Teil Hamms

Hamburger Sprechwerk
Klaus-Groth-Straße 23
www.hamburgersprechwerk.de
→ kleines, innovatives Theater in Borgfelde

SOZIALES / NON-PROFIT

**Deutsche Hilfsgemein-
schaft e.V.**
Bürgerweide 38
www.deutsche-hilfsgemeinschaft.de
→ Freizeit- und Kulturangebote für
Leistungsempfänger, mit Bücherstube

NABU Hamburg e.V.
Klaus-Groth-Straße 21
www.hamburg.nabu.de
→ Umwelt- und Naturschutzorganisation

Stadtteilinitiative Hamm e.V.
Carl-Petersen-Straße 76
www.hh-hamm.de
→ Stadtteilbüro mit Stadtteilarchiv

• Architekten- und Ingenieurverein Hamburg (Hg.): Hamburg und seine Bauten 1890–2000, Bd. I-VII.

• Horst Beckershaus: Die Namen der Hamburger Stadtteile. Woher sie kommen und was sie bedeuten, Hamburg 2002.

• Inge Behrmann: Hamburg St. Georg – Vorstadt und Vorurteil?, Hamburg 1978.

• Otto Beneke: Hamburgische Geschichten und Sagen, Hamburg 1853.

• Anna Brenken / Egbert Kossak: Spaziergänge Hamburg, Hamburg 1989.

• Hans Brunswig: Feuersturm über Hamburg. Die Luftangriffe auf Hamburg im 2. Weltkrieg und ihre Folgen, Stuttgart 1987.

• Freie und Hansestadt Hamburg – Baubehörde (Hg.): Stadterneuerung Hamburg. Modernisierung Hamburger Stiftsbauten, Hamburg o.J.

• Helmuth von Glasenapp: Indische Geisteswelt, Hanau 1986.

• Matthias Gretzschel, Bürgersinn und Nächstenliebe. 775 Jahre Hospital zum Heiligen Geist, Hamburg 2002.

• Matthias Gretzschel: St. Marien-Dom in Hamburg, Regensburg 2011.

• Iris Groschek: Gemeindechronik der Erlöserkirche Borgfelde. Archiv des Kirchenkreises Alt-Hamburg, Hamburg 2000.

• Hermann Hinrichsen: Hamm + Borgfelde, Hamburg 1979.

• Hermann Hinrichsen: Vergangenes aus Eilbek und Hohenfelde, Hamburg 1981.

• Hermann Hipp: Freie und Hansestadt Hamburg. Geschichte, Kultur und Stadtbaukunst an der Elbe und Alster, Köln 1989.

• Hans-Christoph Hoffmann: Die Theaterbauten von Fellner und Helmer, München 1966.

• Hermann Joachim: Handbuch der Wohltätigkeit in Hamburg, Hamburg 1901.

• Michael Joho (Hg.): Ausführliche Nachrichten von dem Heiligen Ritter Georgio: Ein Stadt-teil-Lese-Bilder-Buch, Hamburg 1998.

• Katholische Kirchengemeinde St. Marien: St. Marien Kirche, Hamburg-Sankt Georg 1893–1993, Meppen 1993.

• Franklin Kopitzsch / Daniel Tilgner (Hg.): Hamburg Lexikon, Hamburg 1998.

• Arthur Kressin: Die Entstehung der Hamburger Krankenanstalten, Hamburg 1959.

• Ralf Lange: Architektur in Hamburg. Der große Architekturführer, Hamburg 2008.

• Gottfried Lorenz / Bernhard Rosenkranz (Hg.): Hamburg auf anderen Wegen. Die Geschichte des schwulen Lebens in der Hansestadt, Hamburg 2005.

• Dirk Meyhöfer: Neue Architektur in Hamburg, Hamburg 1999.

• Paul Möhring: Theaterstadt Hamburg, Hamburg 1948.

• Friedrich Ludwig Müller: Der fünfte Stern. Die Jahrhundertgeschichte eines Grandhotels, in: Monumente, Jg. 21, Heft 1 / 2011.

• Kerstin Rasmußen / Gunnar Wulf: Stadtteilarchiv Hamm, Bd. 6, Der Hammer Park. Kleinod zwischen Backsteinen, Hamburg 1995.

- Michael Reiter: Hamm 1693–1993. Eine Chronik zum 300-jährigen Bestehen der Hammer Dreifaltigkeitskirche, Kiel 1993.
- Dietrich Sattler: Johann Hinrich Wichern – Leben und Werk (Aufsatz), Gernrode/Harz 2008.
- Matthias Schmoock: Zwischen Bild und Image – Die Entwicklung des Hamburger Stadtteils Uhlenhorst und die Darstellung in Selbst- und Fremdbildnissen, Hamburg 2002.
- Kristina Vagt: Vom Hamburger Wohnstift zum sozialwirtschaftlichen Unternehmen – Alida-Schmidt-Stiftung 1874–2014 (Broschüre), Kaltenkirchen 2014.
- Rainer Volkmann (Hg.): Erfolgsmodell »Metropole Hamburg –Wachsende Stadt?«, Hamburg 2006.

Einleitung Seite 7: Staatsarchiv Hamburg; Seite 8: Christoph Klein **Exkurs** Alsterzentrum Seite 43: Staatsarchiv Hamburg; **Exkurs** Borgesch Seite 71: Staatsarchiv Hamburg; **Exkurs** Gnosa Seite 131: Junius Verlag; **Exkurs** Gomorrha Seite 179: Staatsarchiv Hamburg **Leute** Seite 114, Monica Bleibtreu: wikimedia.org: FRZ; Seite 115, Carl von Ossietzky: Deutsches Historisches Museum, Berlin, Inv.-Nr.: F 54/1060; Seite 115, Udo Lindenberg: Raimond Spekking / CC BY-SA 4.0 (via Wikimedia Commons); Seite 116, Lisa Politt: Jo Jacobs; Seite 117, Hans Leip: Denkmalschutzamt Hamburg, Bildarchiv; Seite 117, Fritz Schumacher: Hamburgisches Architekturarchiv; Seite 118, Ina Müller: wikimedia.org: HagenU; Seite 119, Peggy Parnass: Klaus Raasch **Rundgang 1** Abb. 3: aus: Behrmann, Inge: St. Georg. Vorstadt und Vorurteil?, 1988; Abb. 20: aus: Grobecker, Kurt (Hg.): Wilhelm Dreesen. Die Freie und Hansestadt Hamburg und ihre Umgebung, 1981; Abb. 1, 10-13, 16, 17: Christoph Klein; Abb. 2, 4- 9, 14, 15, 18, 19: Staatsarchiv Hamburg **Rundgang 2** Abb. 5: aus: Zeitschrift für Bauwesen. 67. Jahrgang, 1917; Abb. 8: Junius Verlag; Abb. 7, 11, 15: Christoph Klein; Abb. 1, 4, 6, 9, 10, 12-14, 16: Staatsarchiv Hamburg; Abb. 2, 3: wikipedia.org **Rundgang 3** Abb 25: aus: Post aus Hamburg, 2014; Abb. 17: www.bildarchiv-hamburg.de; Abb. 23: Bundesarchiv, Bild 183-S01144 / Fotograf: Naumann; Abb. 6: www.hamburg-bildarchiv.de; Abb. 21, 26, 27: Christoph Klein; Abb. 1-5, 7-9, 13-16, 18-20, 22: Staatsarchiv Hamburg; Abb. 11: wikimedia.org; Abb. 12: wikimedia.org: Sebastian Koppehel; Abb. 24: wikimedia.org: Wikiuka; Abb. 10: wikipedia.de: KMJ **Rundgang 4** Abb. 21: Rainer Ahlers; Abb. 22: Marc Friedrichs; Abb. 1: www.hamburg-bildarchiv.de; Abb. 6, 10-12, 18: Christoph Klein; Abb. 2-4, 8, 13-17: Staatsarchiv Hamburg; Abb. 20: wikimedia.org; Abb. 9: wikimedia.org: Pardin; Abb. 19: wikimedia.org: Hari Singh; Abb. 7: wikimedia.org: Lorenz Teschner; Abb. 5: wikipedia.de: Star01 **Rundgang 5** Abb. 10: ELBE & FLUT / Thomas Hampel; Abb. 3: www.hamburg-bildarchiv.de; Abb. 20, 25, 26: Junius Verlag; Abb. 5, 6, 9, 11, 22, 23: Christoph Klein; Abb. 1, 2, 4, 7, 12, 13, 15-19, 21, 24: Staatsarchiv Hamburg; Abb. 8: Hans-Jürgen Wege; Abb. 14: wikimedia.org: Martina Nolte **Rundgang 6** Abb. 25: aus: Das Rauhe Haus – die Brunnenstube der Inneren Mission. Hamburg: Agentur des Rauhen Hauses, 1927; Abb. 30: aus: Adolf Diersen: Aus der Geschichte der Hammer Dreifaltigkeitskirche, 1957; Abb 5: Staatsarchiv Hamburg; Abb. 10: U. D. Barth, Hohenfelder Apotheke; Abb. 15: www.hamburg-bildarchiv.de; Abb. 3: Junius Verlag; Abb. 4, 9, 11, 14, 16, 17, 20, 29, 31, 32: Christoph Klein; Abb. 1, 2, 6-8, 12, 18, 19, 21, 23, 24, 26: Staatsarchiv Hamburg; Abb. 28: wikimedia.org; Abb. 22, 27: wikimedia.org: Uwe Rohwedder

RAINER AHLERS (*1973) wuchs im ostfriesischen West-
rhauderfehn auf und zog 1994 nach Hamburg. Dort
studierte er Volkswirtschaftslehre und legte seinen
Master in Stadtökonomie ab. Seit Ende der 1990er
Jahre wohnt er in Sankt Georg, wo er als Stadtfüh-
rer für Stattreisen e.V. Rundgänge anbietet.

Mein herzlicher Dank für die Unterstützung geht an Bernhard Lang,
Christoph Klein, Anna Berberyan-Lenk, Elgin Erkal – und ein großes Dan-
keschön an Marc Friedrichs für seine Geduld.